常罡 著

海外拾珍记

王世襄 题

人民美术出版社

目 录

自序

牙雕
三入岳阳人不识 ………………………… 1
清雍乾牙雕天伦乐 ……………………… 7
清康乾牙雕望子成龙 …………………… 11
明牙雕诃梨帝母 ………………………… 14

玉玩
清乾隆青玉苏武牧羊 …………………… 16
明玉香囊 ………………………………… 18
金元青白玉冠顶 ………………………… 19
春秋虎首玉璜 …………………………… 21
扫清三界尘 ……………………………… 23
偷得仙家福寿来 ………………………… 25

竹雕
明末清初竹雕双福 ……………………… 27
明竹雕鼎式方炉 ………………………… 28
明竹雕螭虎穿荷仿犀杯 ………………… 29
明竹雕渔樵唱答仿犀杯 ………………… 32
清初竹雕蟠螭饕餮纹仿犀杯 …………… 36
明末清初竹雕和合二仙 ………………… 38
清初竹雕吕洞宾与城南柳 ……………… 40
清初封始龥竹雕寿星 …………………… 41

木雕
清黄杨雕渔翁 …………………………… 43
清雍乾黄杨雕写真坐像 ………………… 44
清中期黄杨雕渔人乐 …………………… 45
明末清初伽南香木雕杯 ………………… 46
清初黄杨雕达摩禅祖 …………………… 48

文房清用
明青玉荷洗 ……………………………… 49
明玉兰洗 ………………………………… 50
清初黄花梨秋荷笔砚 …………………… 51
明羊脂玉蟹形书镇 ……………………… 52
明竹雕太师少师笔搁 …………………… 54
明铜鎏金三清图笔筒 …………………… 55
清康雍紫檀雕竹林七贤笔筒 …………… 56
明沉香木随形笔筒 ……………………… 59
明天启象牙诗筒 ………………………… 60
清初竹刻观鹅图笔筒 …………………… 63
清初竹刻雅集图笔筒 …………………… 64
清王梅邻桃花源记竹笔筒 ……………… 65
清初黄花梨文具匣 ……………………… 66
明紫檀嵌银丝镶玉墨床 ………………… 68

明白玉三星图墨床 ……………………… 71
清初端石雏凤声清砚 …………………… 72
乾隆御铭宫制风字砚 …………………… 73
清初黄杨雕会昌九老图大画筒 ………… 74

漆器
明宣德黑漆描金龙纹大捧盒 …………… 78

木器
忽惊天物现人间 ………………………… 80
明黄花梨炕桌 …………………………… 86
元末明初螺钿嵌漆木小桌 ……………… 87
清乾隆宫制紫檀炕几 …………………… 89

诸艺
明黄花梨百宝嵌夔龙献寿对盘 ………… 92
清紫檀百宝嵌"富贵白头"花鸟对盒 …… 94
待月花影动 ……………………………… 95

书画
宣城梅家册页 …………………………… 100
清《柳阴采莲图》 ……………………… 103
清陈枚《海青拿天鹅图》 ……………… 104

古籍善本简札
奇书缘 …………………………………… 106
蔚县剪纸册 ……………………………… 110
王国维手札 ……………………………… 112
中兴名臣书简 …………………………… 114
《校注项氏历代名瓷图谱》 …………… 119
清乾隆《御选唐宋文醇》 ……………… 122
明天启《新镌绣像韩湘子全传》 ……… 124
清康熙《芥子园画传》 ………………… 126

辨识篇
仿中仿 …………………………………… 128
碧玉鹌鹑盒 ……………………………… 129
开经偈白玉墨床 ………………………… 130
名家竹刻 ………………………………… 130
竹雕香筒 ………………………………… 131
靠背椅 …………………………………… 131
崇祯青花葫芦瓶 ………………………… 132
御题诗青墨玉菊花山子 ………………… 133
"康熙御制"款珐琅彩九秋碗 ………… 134
康熙官窑青花大盘 ……………………… 135

考据篇
公道杯辩 ………………………………… 136
鹿中 ……………………………………… 138
和合神 …………………………………… 139

后记

自 序

曩年读书中央音院，毗邻之长椿街，有一自发形成之古董旧货集市。课余偶至闲逛，见官窑民窑瓷器及木石铜玉杂项铺排成阵，真赝混杂，购者并不多，索价亦不昂。值"内乱"初停，国内古董文物市场尚处懵然混沌中，国人既少文物意识，更无文物投资观念。举国各行业大造假之时代高潮尚未到来，摊头虽仿品亦多属民国时所为。熟谙文物如启、王、朱、耿诸前辈，只凭心明眼亮、腿脚殷勤，往往微值即可淘归佳物。其后负笈求学于大洋彼岸，曾于《人民日报》海外版读到某外国人于长椿街摊以五元钱购得元代青花鱼藻纹盘，为之扼腕痛惜。

越数载，文物观念渐行普及。一件文物铲除数代人穷根之传闻不胫而走。买卖古董可一夜暴富，几成家喻户晓之理念。旧家故院自不待言，翻箱倒柜，检捞家底；即百姓草民，一旦发现朽蚀，虽片纸丝缕、菜坛酱罐，亦四处求人鉴定，以防有眼不识金镶玉。遇买家上门，更是心警神惕，处处提防，唯恐卖漏卖错。更有许以"毛诗"之数，继索"千家诗选"，允诺"千家诗选"，益贪"万首唐绝"者。欲无厌足，愈买愈不卖。洎数家大型文物拍卖公司陆续开张，藏家贾贩于冷摊小市、个户私宅中混水摸鱼之黄金时代，一去不复返矣。

自前清迫启国门，百余年间，洋人或抢或骗或买，吾国文物，捆载西去。1949年重锁国门，烈祸迭起，再自毁家珍近三十年，供私家购藏之民间文物已所剩无几。值此国内文物价格炽焰腾天、收藏热甚嚣尘上之际，诱得散居海外之精彩重器纷纷回流。"国外好东西比国内多"，一时成为共识。

各路秣马厉兵，欲出征海外。先是保利集团巨资爆破，随后江浙富豪冲锋陷阵，无数个体买家则若散兵游勇，四下穿插"流窜"于纽约、伦敦、巴黎、香港等各大拍卖场，各自为战，趁乱夺掠于硝烟弥漫中。时余已移居旧金山东湾，于国内收藏有年，自省虽未有成，争奈耽湎好古，沉疴难摁，故亦混迹其间。朋侪尝戏谓余：虽曰"重在参与"，实为"瞎那儿掺和"。思之惭愧。

势大财雄者，辄取万人瞩目之重器下手。文物至此天价，已赝鼎极少，考证学识退居次位，较量搏杀，唯在资财。囊金有限如我辈，则须量力慎行。若邂逅情钟，当默虑黄庭，考证其真伪源流，裁度其文物价值，筛选定夺，之后相机动作。故前者明来直去、高打强攻，后者透迤迂回、机谋智取。文物之名分、品位，当各有仁山智水之鉴。然处心积虑，终能携归所爱，纵情把赏之欢、心花怒放之畅，自是别无二致。

如此杂收并蓄，藏品渐夥。环顾斋中，回首历历，其间或峰绕津迷，或柳暗花明，或揪心押胆，或骤热忽寒，或虚惊后怕，或初沮终喜，有成时亦有败时，然个中绝不乏盎趣可道之事。又生性蠹纸之好，每得一物之前之后，必加考鉴，冀探其所以然。苦思冥想、上下求索、走投无路之际，常恍悟幡然，有一得之快。忽一日，慧业孽根复萌，拟述之陈玄褚公，以公诸世间同癖者。之后两三年，泓颖雕虫，拉杂补绽，得成此书。

之中若干章节，曾以《海外搜宝摭记》之名传布于坊间。盖所述诸例，皆选自近年得之于海外者。竟何以称宝？非敢忝祒妄夸。烂嚼"国宝"一词，当有狭义广义之分。狭义者，鼎彝瓷珍、名家巨迹、秘殿琼珠。余则取其广义，凡我中华祖先历劫遗存，但妙诣经营，纵然小品常玩，亦当善待而宝之，不可怀势利心。夫古物收藏之道，天缘人力，缺一不足以克竟。天缘岂能妄念强求！所能为者，尽人力耳。人力尽，天缘或在其中。何谓人力？砥砺学问、自求多金乃日常功课，余者不过出动一"搜"耳。掇笔丹黄，哀散成帙，摭记之谓也。因名是名。丙戌年秋归国返京，即往王世襄先生处拜望请候。暌隔六载，先生九二高龄矣，思力敏健，不输壮年。询知拙作书名，先生诲余曰：理叙虽通，仍当自谦。书之名，宜简爽空灵，忌直露白实。"搜宝"夸张，莫若"拾珍"；"记"便足矣，何赘"摭"为？遂赐题《海外拾珍记》。是晚聚宴，出以示众，一座抚掌称妙。

又草稿之初，友人索断章先睹。阅后归还，当面郑重奉劝：何苦古语文言之乎者也，"你就是不会好好说人话！"赧颜之余，思我辈生长红旗下，沐浴党之阳光雨露中，今处科技金融新尚时代，去古渺远，兼之不学，辞赋诗文，空谷聆响，经史子集，仅触皮毛，究竟并不知古语文言为何物，真欲效颦而不配效颦！竟喻之古语文言，溢美谬奖也。忆及数年前小说《静窗手稿》问世，新锐评家撰文，先五指抚臀曰"流畅"，再一掌掴颊曰"陈腐"。壮哉此评！流畅难副，陈腐确凿。视今稿行文，再次陈腐而已。然执陈腐之言言陈旧古物，约略般配，时得词从意顺之乐。更取其句短，句短则字少，字少则书页菲薄，一省读者性命，二省读者购书之资，除此撰旨无它，遂弄成这般模样，斗胆付梓。默祈倘能娱同好、飨读家，侑茗觞清谈，兼邀通博人驳辩郢削，则衷心无憾矣。

是为序。

二千又六年识于旧金山东湾碧澄园

牙 雕

三入岳阳人不识

旧金山博翰·伯德富拍卖行，于每年春秋两季亚洲艺术精品大型拍卖之前，依例有小型拍卖各一场。"亚洲装饰艺术品拍卖"其名，汰剩次货之"撮堆卖"其实也。虽如此，拍卖图录每寄至，仍不免细加察阅，冀捕漏网之鱼。

甲申年秋季一场，特设中国象牙雕刻部分。图录内一牙雕吕洞宾，脚踏灵石异卉，醉态飘摇，力鬼执灯扶持在侧，立于直眉愣目之清装帝后坐像及媚柔浅俗之新雕仕女中，茕茕然格高神秀，道仙之风，冲爽袭来（图1）。读英文说明，并不标示年代，只言"可能为吕洞宾"云云，且估价极低。当下即以心许：若无大疵，必夺归之！

自此牵肠挂肚、食寝不宁者数十日。怪道林文忠谓"无欲则刚"，欲动，必意马心猿，殊浮乱难耐矣。挨至预展首日，门启即入。急切切上手一过，心为之狂跳。此器不能早于康熙，亦不能晚于雍正。其脸廓眉弓之简洁，凤目垂帘之弯挑，耳轮丰坠之圆润，及鬼腮梵髭之旋卷，可从康乾间寿山石、黄杨及龙眼木雕中讨消息。采料润腻，通体除天然小裂，几无瑕疵之可寻。稍后，观者陆续入，无人注目此器，方感稍安。

拍卖当天，乘隙再至展厅做战前最后一观。见美古玩商鲍利，正双手持之上下端详。觉余趋近，骤掩入怀，扭身以肩背遮护之，笑谓"好东西，我要了！"余心惊失色，强作淡淡，亦无奈其何。俗语云："同行是冤家。"此其谓也。所幸鲍利并未举牌参拍。盖西方人治中国古物，佳劣精粗虽能分辨，若不明某一门类历久形成之行道讲究，仍不敢轻举妄动也。

至其时，参战者或亲自在场或通过电话，计四五家之多，真乃天不许余独专明眼人之目。吾道之不孤，偏应在此等勾当处，令余叫苦不迭。相与争锋至最后者，乃一港台同行。价至起拍价之十数倍，场上本已寂寂然旗偃鼓息。可恼红鬓鬈毛拍卖师，全不顾人臀下火灸之苦，犹沾沾自赏、意兴正浓，木槌迟迟不肯着案，且朝敌手一方平摊掌心，如向淑女名媛彬彬邀舞状，口中一再重复余之竞价，音色柔而轻，似泣诉，似挑诱，终使战火重燃。价格攀翻再三，方勉强落槌。予此时只求摘撷之快，贵贱已置之度外也。待付款取物驾车返归，喜不自胜，乃至微有头晕眼花之感。

吕氏，妇孺皆知之人物。史上确有其人，传为晚唐咸通年间进士，游长安，遇钟离权授以丹诀，后修炼得道。元时敕封"纯阳演政警化孚佑帝君"，为全真道教北五祖之一。山西芮城县永乐宫纯阳殿内，有元绘《纯阳帝君神游显化之图》五十二幅述其行状。民间亦颇传其故事，倜傥风流，嗜饮，所到之处必饮，饮必醉，醉后每留异迹而去。

传世之吕仙，多背负宝剑，冠纯阳巾，执麈尾，或翩然独立，或群于众仙之中，踏涛渡海，恭揖上寿。此牙雕则择题醉归，颇新颖：剑笏在背，面虚白，瞳光弋斜散淡，酒湿须髯，袅结成绺；方巾失落，仅剩幞头，肩坍手垂，襟敞带褪，腿足踉跄互绊，大有玉山颓扶之态（图2）。旁侍之鬼怪力士，顶上肉角凸起，狮鼻豺口，须眉络腮，髯曲回环；一手执灯，一臂鼎扛，下腭吃力昂起，眼筋凸努如卵，仰视主家，力有不胜而敬畏乞怜，令人

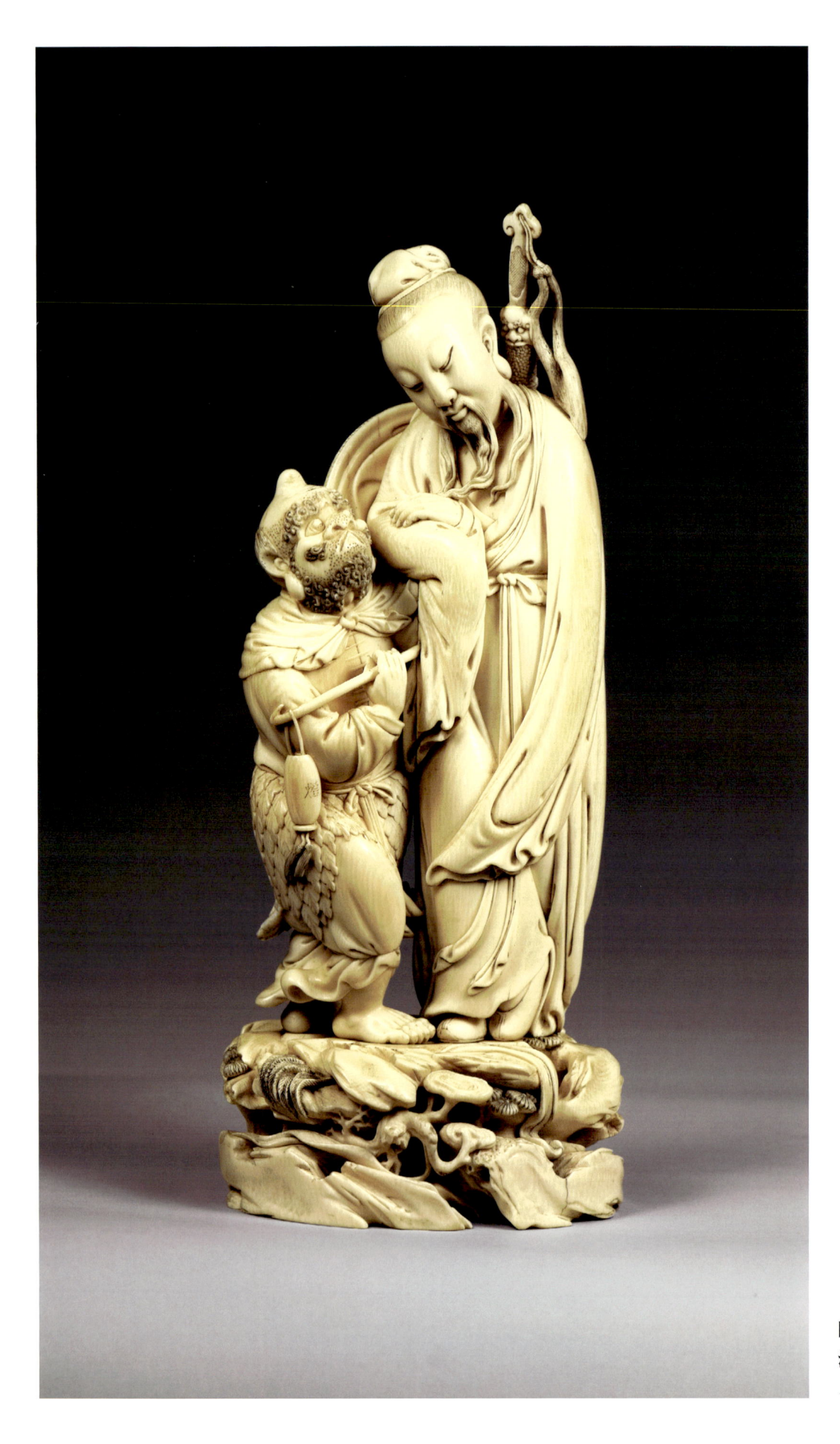

图1
清　吕仙醉归
牙雕　高31厘米

图2　吕仙醉归（局部）

图3　吕仙醉归（背面）

莞尔；踝腱臂肌劲然绷鼓，甲趾粗壮，紧抠入地，挪步艰难，想必自掮夫走卒辈写生得来（图3）。主仆脚下所踏，乃仙家福地，洞天玲珑，隐幽通曲，间有瑶草、琪花、灵芝丛簇点缀、摇曳生姿。此一弛一张，一倚一持，戏剧对比，张力顿出，立显意趣匠心。

尤可叹赏者，衣纹垂风，肌脉融活，髭发生动，却不见丝毫着刀痕迹。通体流畅，远观之，几疑为德化之瓷，又宛若奶脂披沥被身而下，虽缝褶深掖处亦莫不如此，信是北派立雕佳制。清代牙雕，分南北两派，亦称京派广派。北派坐镇宫中造办处牙雕坊，假天威以领流俗，"三分刻，七分磨"，不见锋碴，古来藏锋圆刀之法，至此臻登至境矣。

闲暇时捧出摩挲把玩，竟常看常新，时得新悟会心之妙。一日，仰置案上，始见鬼怪颔下鬈髭中，有喉头于皱松皮下隐起如核。又见其囟门皱纹间，有一枯疤焦斑之蚀洞。初谓巧用牙料蛀疵，添其莽野凶怪之相。细审之，牙料心材当无此瑕缺，且洞中点染石青，乃刻意凿琢而成（图4）。雕作护手剑格之双面鬼首，面相狰狞，大小仅如念珠。定睛细看，牙齿竟粒粒可数，不仅门齿，两侧更有獠牙各一，且双面皆然。洞石上有一条状物，似溪流泄入洞孔，不意竟是醉落之袍带，一端沿石壁透迤而下，另一端则垂入洞孔，不见所终。踪其迹，竟盘转石洞间，穿枝过茎，绕过数本灵芝，从另洞他孔蜿蜒而出，非成竹在胸者不能办此。昔年曾与北京名匠师祖连朋老师傅谈及明代木器雕刻之精绝，祖师傅笑谓余曰："老年间做东西就有那么个劲儿，许你眼没看到，不许我手没做到。"此言诚不虚也。

唯疑云荡晃不去。侍钟馗脱靴抬轿之鬼，寺门金刚足践脚踏之鬼，系泛泛之鬼，非有特指。遍忆所见吕仙图像，似并未有与泛泛之鬼相伍者。此随从侍奉之鬼，莫非另有名堂？逢人问，辄以吕仙醉，遣道符神咒，招鬼扶归为对。口言此，而意有未安，盖不得甚解、望相生义耳。旋疑乃体貌近似之魁星，亦嫌牵强。但恨不能面询雕师于三百年前，讨教底细。苦于身居国外，案边资料有限，姑搁置之，遂成一桩公案。

次年暮春，游半月湾。步入小城一家老旧书店，自尘架上捡得三巨册英文《中国艺术》，国际亚洲古物协会编，1963年伦敦出版。书中图片丰富，多为国外大博物馆及著名藏家之珍品，国内颇不易见。遂购归之，以备索引。

归来阅读其绘画碑拓版画卷，见有版画一帧，版刻风格不能晚于明末，当为演义插图，似关涉吕、何风月事：吕仙负剑踞坐，与一娇美妇人席地对饮，醉眼迷离含情，倚身酒瓮行将告罄；妇人脉脉羞涩，披荷叶霞帔，身旁一茎荷花，故知为何仙姑，一妩媚婢女搀其右臂。吕仙身后立一鬼怪，形象竟与那牙雕之鬼一模一样，双爪伸插吕仙腋下，似欲扶之起，唯其头顶蹿出丫杈一截，当为树鬼木精一类（图5）。速查图片说明，盼能揭开牙雕之谜。然

图4
吕仙醉归（局部）

并无故事简要，但云某书籍插图，该书现藏荷兰阿姆斯特丹日格斯博物馆。

网上查得该馆网址。登陆四望，一遍荷兰文字，如堕雾云中。而馆藏之品，浩渺烟海，岂能一书一页皆载图网上。即便得入网门或致信该馆求助，想查得某页中国古版插图隶属何书，不啻大海寻针，恐终难如愿。复思八仙之中，钟离权后汉，铁拐李隋，曹国舅宋，余者吕韩蓝何皆唐时人。故彼等神迹故事，植根于隋唐五代，萌滋于宋，集成于元，大盛于明至清初，与元杂剧及明清小说传奇，辄多类处。何不就此入手，或能有裨破解。

翌日往去加州大学伯克莱分校东亚图书馆，于明臧懋循编《元曲选》内查得马致远《吕洞宾三醉岳阳楼》一本及明初谷子敬《吕洞宾三度城南柳》一本①，另有明吕元泰作演义《八仙出处东游记》一种。诵读毕，大喜过望，疑云尽释。

据谷本，师父汉钟离曾告洞宾，岳州境内有数百余年古柳一株，可去度其成仙。洞宾过岳阳地界，见此柳恰在岳阳楼旁。醉饮啖桃之际，"凭栏看这柳树，果有仙风道骨。争奈他土木之物，如何做得神仙，必然成精之后，方可成人，成人之后，方可成道"。于是在柳旁种下成仙之桃一枚，命其"与柳成花月之妖，结为夫妇，那其间再来度脱他也未迟哩"。

岁月荏苒，洞宾为度柳，再至岳阳楼醉饮。柳桃二精从山中潜出，欲上岳阳楼歇宿。见了师父，柳精便追问"弟子端的几时得托生？"洞宾命其在老杨家托生成人，经世历劫。柳精疑怪酒保老杨挑唆师父推迟脱度，竟欲与桃精趁黑夜迷杀之，却被老杨持吕剑砍中，被截做柳桩拴马，削成桃符钉门。

吕祖三至岳阳楼饮酒，已是二十年后。酒保老杨亡故，其子继操父业，因生来便是白发，人戏呼之"老柳"，娶东邻女儿小桃为妻。老柳不识仙人，且舍不下红尘俗缘。发妻小桃却识得洞宾，执意随其出家。老柳妒火中烧，执剑追至，杀死小桃并图谋诬陷洞宾。对质公堂，查得老柳剑上沾血，遂判由洞宾手刃之。老柳命丧黄泉，吕祖呼唤："弟子如今省了也。"众仙齐上，引领成仙柳精赴瑶池西王母蟠桃会。

马本与之大同小异。柳精托生郭家而非杨家，娶梅花精贺腊梅而非桃仙小桃。明人好改元人本，旧本出新，寄托己意，马本当是谷本所宗。然牙雕鬼怪，乃自谷本一脉。何以为据？谷本写老柳被斩，再经吕仙唤醒后道："恰才杀了我，如何又活了呀？原来我是城南柳树精，可知头上生出柳枝来。"据此，版画上头长枝杈、搀扶吕仙之鬼怪，确为成仙之城南柳树精。其状貌装束与所行之事，均与牙雕鬼怪一般，可推知二者为一，此其一。蟠桃宴罢，西王母道："老柳，你既成仙，可随洞宾去。"可知柳精自此追随吕仙左右，此其二。此二端均马本所无。以渊源论，元之马本早而明之谷本晚。若以清代艺匠取材便宜论，则元本远而明本近，其理自然。

又传吕氏曾于岳州城南古寺逢老松精，事见南宋叶梦得《岩下放言》卷四。元永乐宫纯阳殿北门一侧亦有壁画名《柳仙图》，顶出树杈枝条，着人衣，面近人相，捧吕仙剑。据说乃吕仙家童，名柳寄儿。此二者与马谷两本柳精之关系，当属同源而分脉另流。

吕氏"三入岳阳人不识，朗吟已过洞庭湖"之句，本事之外，喷吐仙霞。其题壁诗更直云："唯有城南老柳精，分明知道神仙过。" 诸流滥觞，实在吕氏自家。

该版画右边荷塘池畔，独栽垂柳一棵。初不留心，俟再读，则陡然有所触悟。移眸向左，果见左下角山石叠磊中，亭亭桃树一株。鬼怪乃柳精老柳，何仙姑身后之仙女，自是桃仙小桃，至此更无疑义。刻手高明、高明，藏机锋于司空见惯、视而不见处。进而思及牙雕鬼怪顶上之疤孔，亦豁然开朗：脑顶不出树丫，巧凿古树枯桩之疖蛀蚀洞以代之，暗寓柳精身份来历。异曲而同工，蕴简笔胜繁之妙，不禁嘉叹良久。

后承蒙英国古玩商豪思恩先生惠示清初缂丝一幅，与牙雕同为康乾间所制（图6）。图上柳精竟自吕仙宝葫芦中跃下。可想见其平日缩身隐匿，逢招唤则现形以供驱使，颇似金箍棒之于孙大圣也。执灯扶师醉归，自是其分内事。

尝与伯德富某专家闲话，谈及是雕。闻已归余，彼谓牙质洁净，少皴裂，年代不老，由是处置小拍。可憾世人舛误，徒闻黄而脏裂者老牙，不知老牙未必黄而脏裂。古物如人，各承其命。归何许人，栖何等地，经何种事，一一遗迹器上。是际遇不同，品相存状便不同。乾隆六年，陈祖章父子制牙雕册页《月曼清游》十二月景②，向贮宫中，历二百六十余年至今，洁白依然、着彩鲜艳、触手如新。善鉴者当不至河汉斯语。

通高31厘米

注释

①王国维《宋元戏曲考》定此本为明初人作，当有所据。

②陈祖章及其子观泉，雍乾间广东牙雕名师，雍正十年奉召至京师，入清宫造办处司艺。《月曼清游》抚宫廷画家陈枚册页，一景一页，写宫闱阁游乐闲情，每页对题乾隆御制诗，并特旨祖章等于第十二景"冬闺集艳"墙垣上刻楷书填蓝"小臣陈祖章顾彭年常存肖汉振陈观泉恭制"款，亦匠家宠遇殊荣也。

图5　明　版画中之柳精　　　　　　图6　清　吕洞宾与柳精　缂丝

图7 清 天伦乐 牙雕 高16.2厘米

图8 天伦乐（侧面）

图9 天伦乐(背面)

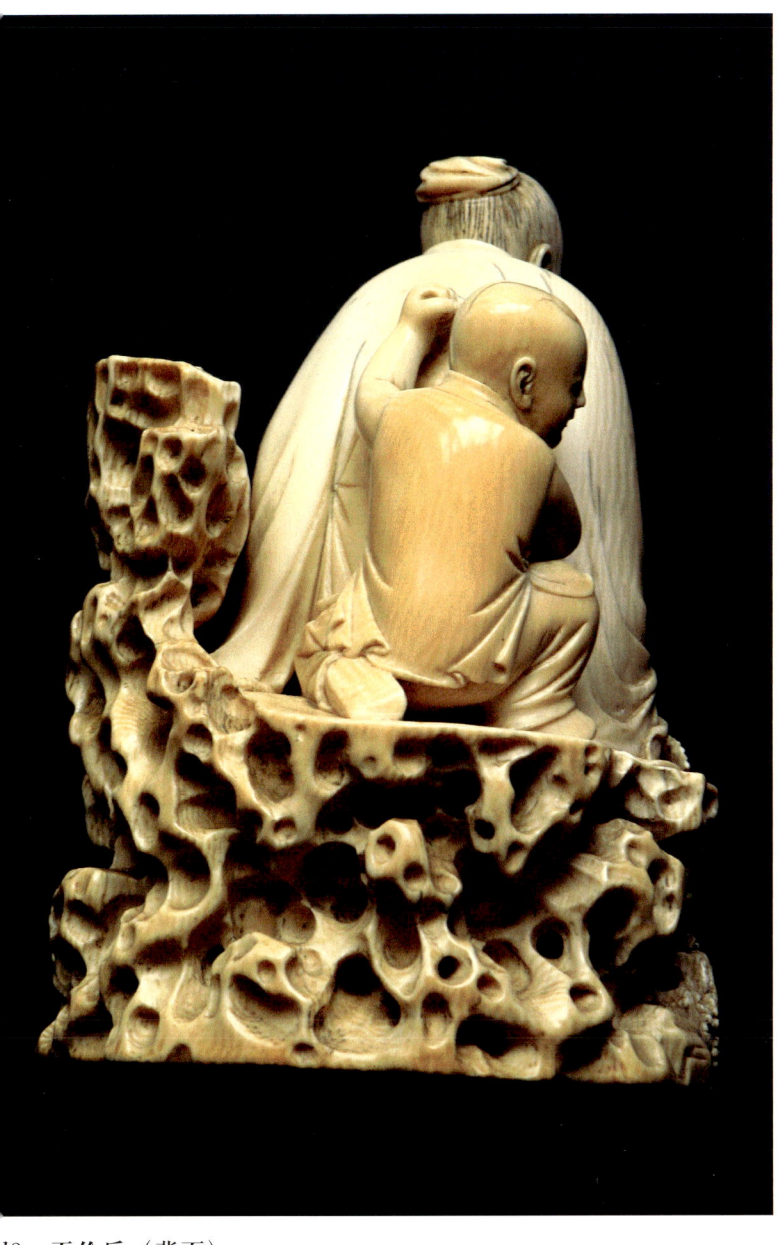

图10 天伦乐(局部)

清雍乾牙雕天伦乐

乙酉年春，纽约苏富比拍卖有象牙圆雕一座。一老者手扶屈膝，另手执蒲扇，坐湖石平坦处，啜茗乘凉。一小儿跪蹲其后，攥小拳捶背，桑榆暮景与乖觉活泼，谐乐盎然（图7）。拍卖者无以名之，称"组像，清代"。此寻常生活情景，实称有专名。

人伦之说，见《孟子·滕文公上》："使契为司徒，教以人伦，父子有亲，君臣有义，夫妇有别，长幼有序，朋友有信。"朱熹注："伦，序也。"人伦五常，与生俱来，万古不移，可谓之天伦。世人百姓则古今略同，将谆谆教导一味断章取义、就简近便、活学活用，大抵认家人亲亲之义为天伦之义，家人亲亲之乐为天伦之乐耳。此牙雕写长辈享弄孙之乐，是"天伦乐"也。

乾隆至嘉道间，牙角竹石雕艺逼真，取材写实之风气大兴，实肇端于康雍。如周彬、杨玉璇寿山石雕，虽神仙道释人物，必毕肖真人。又如项天成虎丘捏像绝技，为主顾影真造像，须眉七窍，一一赅存。此牙雕之爷翁，慈眉善目，门齿缺龁，皮松肉弛，耳廓脆骨薄透，锁肋条条可数，旧履趿拉走形，直是一街头邻里老人家（图8）（图9）。孙儿则仍袭宋人童子婴戏脸相，留顶发，面如满月，下颌容长肥圆。新风与旧式并存，有康雍乾移易过渡意味（图10）。眼目之雕法极具特色，不点瞳睛，留白如杏仁，明末至雍乾间牙雕立像上常见（图11）。定为雍乾间北派佳制，当无不妥。

明清以来，广东沿海设通商埠岸。洋夷定购牙雕，自是广作占地利人宜。故今日存世海外之牙雕，以广作盒具匣囊、鬼功球、帝后、仕女像居多，北派作品则百不一见。有海外人士囿于管窥，竟据以兴论，谓古代玉瓷漆铜诸艺，皆许中国为冠盖，独牙雕稍逊日本。惜乎彼辈未见北派京作精绝之品，若然，必顿洗谬观。

牙雕天伦乐，传为英伦名收藏家萨逊爵士旧藏。彼于20世纪50年代即与利物浦公众图书馆合编《萨氏中国象牙雕刻藏品集览》，漏绽虽多，却也图文并举，振振有词，较新中国之古代牙雕工艺研究，实占捷登之先。

题材既稀见，雕艺又娴熟，且属名家故物，故赴现场竞得之。

通高16.2厘米

图11 清 彩绘童子 牙雕

牙 雕

图12 清 望子成龙 牙雕 高39.5厘米

图13 望子成龙（背面）

清康乾牙雕望子成龙

明样宫妆贵妇，盛鬓堆鸦，披云肩，呵儿膝上，护爱温柔；傍立长妇，当是婆母，挂命妇霞帔，环珮坠裙，手折牡丹，诱逗戏探；小儿亦着绫纨，摇拨浪鼓儿，见花而欲抓拿，宁不痴视少停（图12）。

座下洞石，祥瑞环簇，滋茂生发：灵芝者如意宝菌，水仙者金盏银台，君竹者节节高升，蟠桃者福寿绵全，成芝仙祝寿之图，融融颂吉之声，不绝于响（图13）。

更有蛟龙一条，踏海水激湍，潜于山石之下，几经蟠伏旋曲，昂首向上，口衔贵妇垂穗（图14）。此乃破题之笔：望子成（乘）龙也。乘龙，典出《易·乾》："大明始终，六位时成，时乘六龙以御天。"六位六龙，即乾卦六爻，喻人欲得志，须乘时以动，自强不息。今日父母"望子成龙"，是典之蝉壳遗蜕也。婆母饰戴，亦是双龙纹珮，呼应题旨。

图14 望子成龙（局部）

举凡眉睫脉脉，柔唇颊涡，簪花乌云，玉指尖纤，乃至芝肉桃叶之阴晴卷转，竹节树眼之活灵活现，靡不入微。

气派绮典秾华，包浆脂凝润黄，断乎非晚于乾隆时物所能有也。将小儿面庞与清初缂丝麒麟童子比对观之（图15），何其相似乃尔。

望子成（乘）龙，题材极罕见，以致海内外中国寓意纹样专著均未注录。传世实物，多年来亦仅遇两器：牙雕居其一；另为清初青花"望子成龙"筒瓶一只（图16）（图17），业经伦敦克利斯蒂拍卖行拍出。

通高39.5厘米

图15
清 麒麟童子 缂丝

图16
清 青花望子成龙筒瓶

图17
清 青花望子成龙筒瓶（局部）

明牙雕诃梨帝母

牙质淡黄润净。妇容慈安和穆，一手抱幼儿，朗目星灿，另手执绿叶，宛如贝书（图18）（图19）。

凡此类像，民间盖以"观音送子"呼之，国际古玩界亦沿袭此说。

乾隆三十二年，丁观鹏奉敕绘《法界源流图》长卷，远摹北宋南诏画家张胜温《梵像图》笔意，近咨章嘉国师以正讹舛，帝释以下佛国列尊，无不具备，端是正赅典核之本。卷中观音变相，凡十六相，并无"送子"一相。而擎多子石榴、怀揽小儿、哺乳嬉戏妇人，实乃诃梨帝母及梵天众女。

宋沙门宗晓《金光明经照解·卷下》："鬼子母及五百鬼子毗奈那杂事"，述诃梨帝母本迹："昔王舍城有二药叉①，一曰婆多，一曰半遮罗婆多，生女曰欢喜遮罗，生男曰半支迦。二人父母先曾指腹为婚，支迦那娶欢喜为妻。始过三日，欢喜言：我欲食王城男女。夫止之不从。续生五百子，最小曰爱儿。五百成立，母恃之，遂窃食人子，众不所知。因卜师，云是药叉所作，虽祭之亦不免。时有一神示梦，云是药叉作祟，当往告佛。众言彼是恶贼，何名欢喜！因此遂呼为诃梨帝喃②。众往白佛，佛乞食次，但见爱儿，即以钵覆之。母归失子，颠狂，遍界寻觅不见。多闻天言：汝若归佛，即得见也。遂往白佛。佛言，汝有几子？答有五百。佛言，五百失一，如是苦恼，况佗一子乎。母曰：乞诲于我。佛即为受三归五戒。母又曰：我等今何食耶？佛言：我敕诸弟子每日食次，施众生食，并于行末设食一盘，呼汝名供之。佛又嘱咐应护僧尼等大藏。又有鬼子母经一卷云：母有千子，皆为鬼王，统领万鬼。五百在天，娆于诸天，五百在地，娆于人民，或称山林地神等。母从佛受戒，得须陀洹果，自言天上人间无子息者，我当与之。诃梨帝母真言法：画鬼母形，当作天女身，真金色，着天衣，头冠璎珞，坐宝台上，垂双足，于足两边画二子傍立，于二膝上各坐一子，怀中又抱一子，右手执吉祥果。"

不厌辞费，引述经典，所欲明者两端：诃梨帝母，夜叉前身，皈佛，愿承送子佑婴之责，乃夫妇求子息者应祈神灵，非观音也。其供容衣饰，与"寻声救苦观世音"及"如意轮观世音"等诸观音变相类同，民间拜卜混投，误或出于此。

讹误成俗，焉能改之。且终究无碍，更何须改之！唯希谨于学者或能取裨于斯。

通高26厘米

注释
① 一译"夜叉"。
② 梵文Hariti译音，意为暴恶。

图18　明　诃梨帝母　牙雕　高26厘米　　　　图19　诃梨帝母（背面）

图20 清 苏武牧羊 青玉 高21厘米

玉玩

清乾隆青玉苏武牧羊

和田玉，白蓝青莹，似千年冰，有冰清玉洁之感。质重，压腕欲折。材硕，足以琢成山子。

苏武牧羊故事，见诸图绘者多，摆件圆雕则仅见。中郎佝坐山石上，理蟠髯、挂节杖，面癯瘦，腹清寡，瑟瑟北海秋风中，眼神邃毅果决而意豁如也。三羊分立左右，回首相顾盼，与主人视线交叉处，恰是玉雕正中所向。构图虽屏开扇展，重心则衡稳如泰岳，元神致凝不散（图20）。山石琢工极洗练，纵向钻筒，如斧劈成半，筒壁间横皴数刀。乾隆间雕件下承之洞石，常行此法。

三羊姿态，令人顿生三阳开泰之想，与饥毡渴雪之艰难厄遇伦类不合。其后又见乾隆时百宝嵌苏武牧羊挂屏，亦是三羊（图21）。看来乃当时习气。甫深思之，中郎陷坎遇塞十九年，终得持节荣归，气节青史彪炳，孰谓非征否极泰来之瑞哉。至于赐不过二百万，位不过典属国，此陵之恨，非武之怨也①。艺匠捕摄瞬间，涵括一生，伏笔潜意，何其深也。

玉雕先为纽约兰南基金会藏品，1986年9月经纽约苏富比拍出，两千又四年再上旧金山伯翰·伯德富拍卖。余购归之。

红木底座雕松石蟠踞，民国后配。

长21厘米

注释
① 见（传）李陵《李少卿答苏武书》。

图21 清 苏武牧羊挂屏

明玉香囊

诵屈子《离骚》句："扈江离与辟芷兮，纫秋兰以为佩"，知佩芳香以示高洁，风尚遥古。吟古乐府《为焦仲卿妻作》："红罗覆斗帐，四角垂香囊"及魏人繁钦《定情诗》："何以致叩叩，香囊系肘后"之句，是挂佩香囊以驱邪祟、避亵浊，更兼取悦情好。

古之香囊，常以织锦丝帛为之。稀贵者，金玉珠犀之制。储沉檀龙麝其中，仍外套绣囊，溢香氤氲，静参鼻观，而香料不至屑碎抖漏。

今日得以目见之玉香囊，大多明清遗物，盒盖两分者多，整料成器者少。此件属代明中，用和田白玉，圆如饼饵，厚薄亦如之。镂抠中空，通体透雕，竟不畏驭象莺舞，以玉工模仿灵指红绣，兰草滋衍做锦地，一面雕松鹤遐龄（图22），一面雕双鹊梅花，俗谓喜上梅（眉）梢也（图23）。迎光视之，网隙缠丽，绮密匀华，玉质明透若菱藕熟羹，可人尤物也。

售者菲利普·卓别林与老伴儿安吉拉，均年逾八旬，自堪萨斯偏僻小镇来旧金山展售。经营颇庞乱，涵盖亚太各国杂项。自奉得过且过、随遇而安，终日坐区区展柜后，老太只是不停吃食，老头只是不停瞌睡。逢客问，老太辄凑耳旁，轻碰软肋："菲利普、菲利普，年代、年代？"或"菲利普、菲利普，价钱、价钱？"

小铺冷摊，富豪客自不践其庭，不知每有讶异珍罕出没其间。

直径5.2厘米

图22 明 玉香囊"松鹤遐龄" 白玉 直径5.2厘米　　图23 玉香囊"喜上梅梢"（背面）

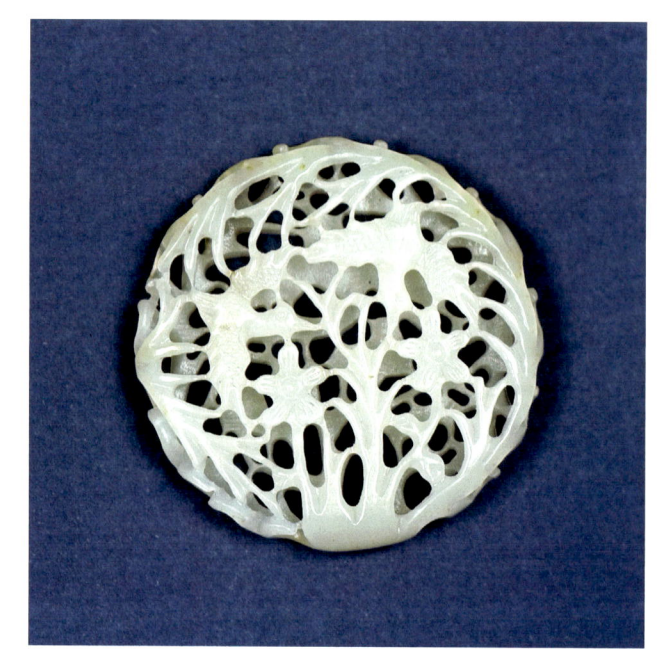

金元青白玉冠顶

美国青年吉姆·苏德，快乐小伙儿也。值新婚燕尔，忽发奇思，欲做世界古董生意。凑得非洲、印度、土耳其等地丝绣、首饰、银器、烟具若干，余者皆墨西哥木雕石刻，草台搭班，于希斯伯若古董节仓促上场。开幕日，令爱妻坐守，彼自端咖啡一杯，满场周游，广事结交。遇余，谈不数语，即凿凿称有中国古物一件，虽一件，却是明代宝贝，有亚洲权威作证。其后获知，权威即邻位展家，专业柬埔寨鸢窟佛头。

随之前往，见玻璃柜上层，一玉雕冠顶峭然孤立投光中。断非明代，实不能晚于金、元。问所来，乃定婚之日，未来之岳祖母馈赠。幸蒙爱妻首肯，今携来以壮阵容。价格经权威代定，不能再低。余当即写付支票。彼单纯人，全不查余之身份信誉，收支票，吻爱妻，转眼又逍遥无踪矣。

玉透淡虾青色，经八百余年血脉喂养，娇嫩灵滴，几入手欲化。底平，有象鼻穿孔四对，以系之冠端（图24）。冠顶之形，窀圆如高丘，透雕洞镂，写一隅荷塘秋景：荻苇葭叶，尚葱茏纠织、恣意袅袅，而碧盏翻摇、菡瓣颓扶，蕊莳而莲房子满，残盖折半披离，已见西风凋零意。鹭鸶九，峨冠高挑，长喙尖锐，徜徉水植间，或衔茎，或啄流，或剔翎梳羽，或转项顾盼，或依依喁喁。以鹭喙之细，细如绣针，必中走一刀以分别上下；视鹭眼之微，微如尘粒，必轻划四刀成菱形，以点瞳睛（图25）（图26）（图27）（图28）（图29）。堪称承祧两宋玉风："碾法如刻，细入发丝，无隙败矩，工致极矣尽矣。"①

图样之名不一，意蕴则两函，以下分而述之。

一名鹭食青莲，或食鹭清莲，或鹭鹭青莲。谐音取义，或禄食清廉，或仕禄清廉，或禄路清廉，大同而小异。考清廉廉洁之说，初见《楚辞·招魂》："朕幼清以廉洁兮。"东汉王逸《楚辞章句》注曰：不受曰廉，不污曰洁。南华说剑亦道"以清廉士为锷"。至宋周敦颐《爱莲说》出，清操节守之思，始托寄讽咏于莲荷。宋瓷，以定窑划花为尤，常绘莲纹，已含其意。元青花之池莲，明清瓷之束莲，一脉相沿。而鹭禄莲廉，据此玉冠顶，则至迟于金、元时已现。存世之玉冠，是图占十之七八，明示倡廉。

一名鹭序鸳行。传师旷《禽经》云："寮寀雝雝，鸿仪鹭序。"鹭鸶，水鸟沼禽也，止息有班，行立有序，以喻百官朝班列次。如杜工部《暮春题瀼西新赁草堂之五》："不见豺虎斗，空惭鸳鹭行"及元宋无《子虚翠寒集·冯集贤》："玉笋晓班联鹭序，紫檀春殿对龙颜"句，皆此意。此件不见鸳鸯，乃鹭序。

古之名门世家称冠族，达官显贵称冠盖。冠服、冠带，官位仕宦也。玉，贵重物，以制冠顶，初之旧主，当是某俸禄丰而位高官者无疑。冠仕禄清廉于首要，自勉耶？自诩耶？抑或文饰堂皇耶？

夫无腐何必反，皆廉莫须倡。吾中华之为一国，地广而饶富，民勤而顺忍，而万劫死穴，在官吏苛暴贪渎。孰朝孰代，期之能免！捧观玉冠，感系万端。

高6厘米

注释
① 见明高濂《燕闲清赏笺》

图24 金元 玉冠顶（底部） 青白玉 高6厘米　　图25 玉冠顶（正面）

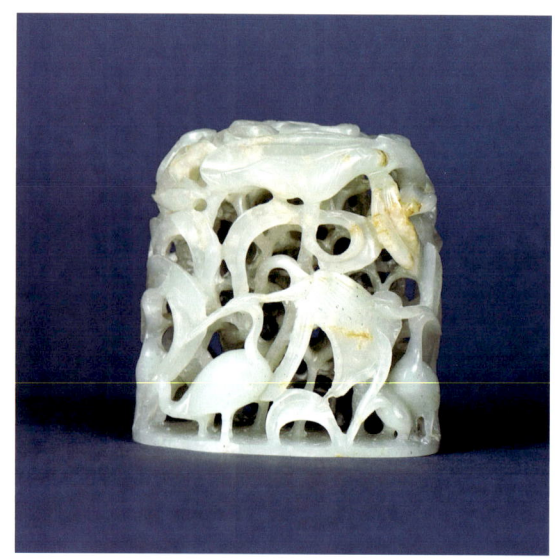

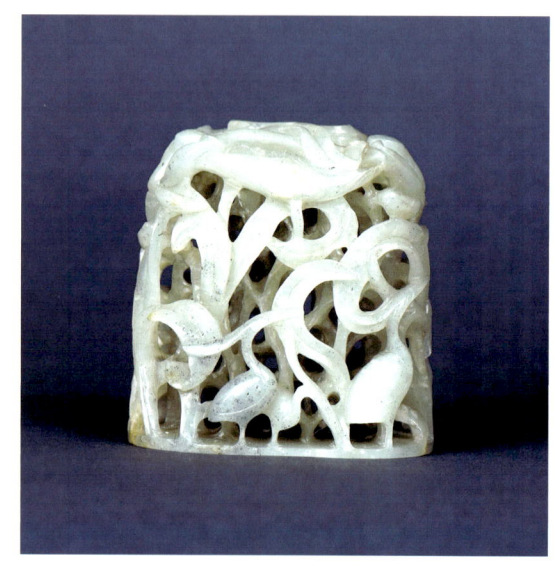

图26 玉冠顶（背面）　　图27 玉冠顶（左面）

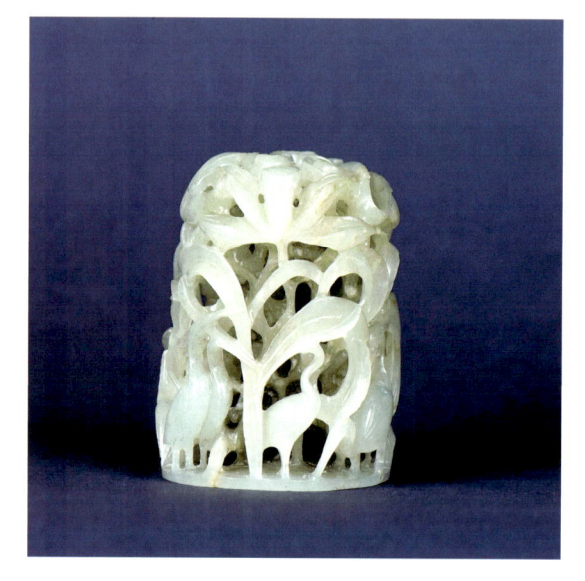

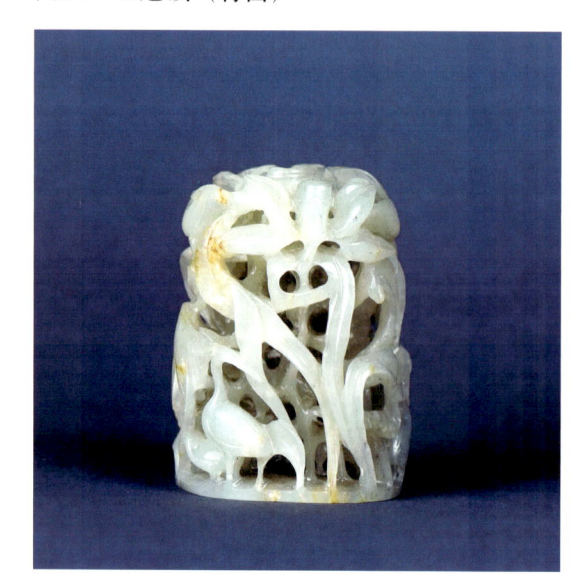

图28 玉冠顶（右面）　　图29 玉冠顶（顶部）

春秋虎首玉璜

璜，古礼器六瑞玉之一。《说文》释璜："半璧也。"《周礼·春官大宗伯》："以玄璜礼北方。"下注："半璧曰璜，象冬闭藏，地上无物，唯天半见也。"玉璧礼天，形圆，故璜割之半以象形。检传世玉璜，多不及一半，少数如下例，则稍过之。所谓"半璧"，乃语焉大概。今人有璜象彩虹之说，未考论据何出。

采和田山料青玉，片状，肉宽，弧形，缘际凸齿若城堞。双面雕，两端出虎首，髭睛异样，以谷纹联臀尾（图30）。乃雄雌媾合、乾坤交泰而百谷滋茂之象。又有长教幼随一说，似不相侔。

虎之相，和乐调皮，钩爪相向，刻施勾撤，即一面坡阴线刻法。虎身披重环纹，盾形而列如甲胄，共七十二片。乍视之，鳞次排布，无奇可道。待倾仄映光看去，始见名堂潜伏：一片重环不过米粒大小，环内竟填以网格纹，纹线尚不及发丝十分之一，但觉细划茸密，奇妙非常。置于高倍放大镜下，始见每片重环之中，少则十余线，多则二十余线，斜错交叉、间格均匀，而重环七十二片，凡千数百线，线线交代爽晰、不紊不扰，且无一线滑冲环外（图31）。以今日之科技手段，若非聚强光、假仪镜，欲数清已殊为不易。当时玉工，不过凭肉眼一双，借日照采明，竟如何措手着砣！技至于此，便是今工难到处，乃"打死也做不出来"之鬼斧神工也。

铺贯两虎间之谷纹，疏密有致，旋转生姿，无纤些拖沓（图32）。现今高仿三代秦汉古玉，藏家皆闻风畏怖。彼辈实是欺生凌弱耳。不必花活大演，请规规矩矩砣一线条，比试古工起止滋味，便判然乎见之云泥。

琢玉勾撤之法，本西周开辟，春秋初仍袭用。至春秋中，极富肉质弹性之隐起浮雕从中化出，方树立春秋面目。重环纹始于西周，盛行西周中、晚期，并遗韵春秋。或虎首玉璜之断代，将游离于西周、春秋之间欤？然西周纹饰尚简，每呈带状向两方延续。春秋则纹饰崇繁，朝四方满铺遍缛也，例恰此璜。夫是，先站稳春秋。勘谷纹纹饰，肇代春秋。璜之谷纹，单线阴刻涡卷，仍具雏形，全不似春秋晚期及战国两汉谷纹之籽粒豆鼓。定之春秋中前期物，允矣。

玉璜无穿，乃礼器，非为佩挂。有玉家谓礼器规制必大，制小为佩玉。此说无稽，想当然耳。礼者，祭神以致福。古礼仪祭祀自有官民公私场合之别，既"孔子为儿嬉戏"，亦"常陈俎豆，设礼容"①。故礼器之玉，一如明清之香炉、五供，焉能一律重大隆宏。

访得于加州海滨小城卡美尔旧货店，向西数百步之遥，临海崖头，乃张大千先生晚年卜居之蓬筚庵也。

横长7厘米　肉宽2.5厘米

注释

① 《史记·孔子世家》

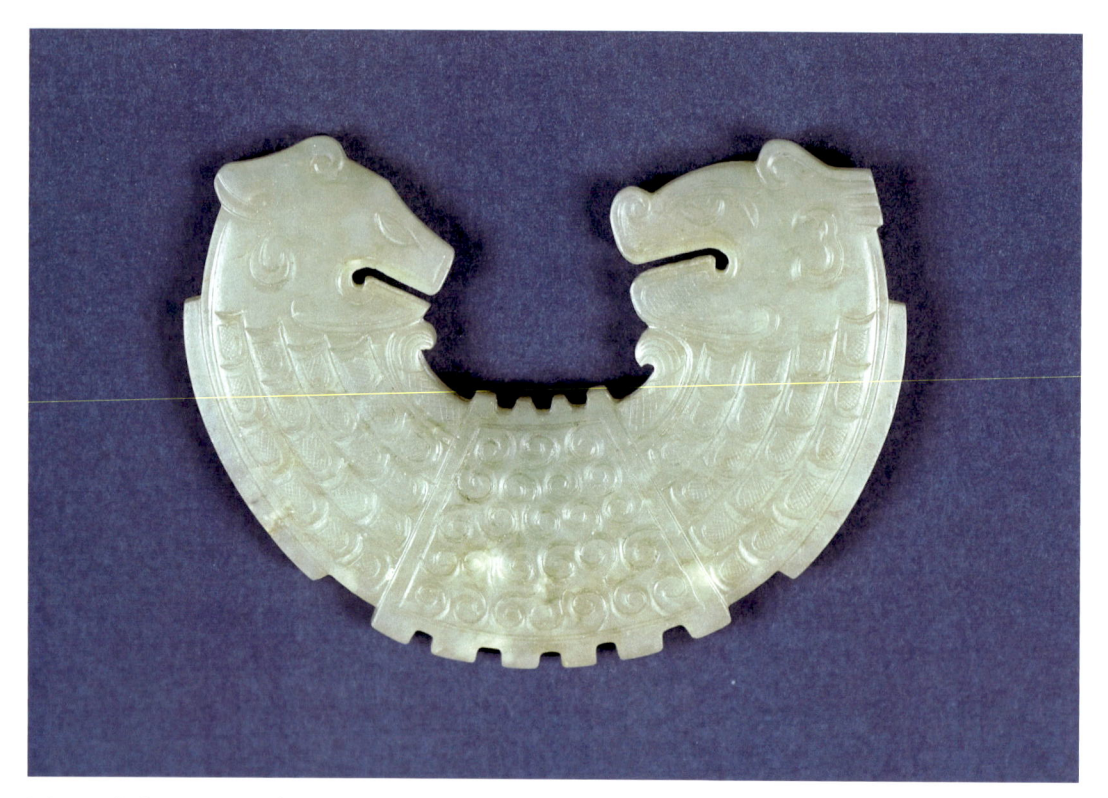

图30 春秋 虎首玉璜 长7厘米

图31 虎首玉璜（局部网格纹）　　　图32 虎首玉璜（局部谷纹）

扫清三界尘

玉雕刘海儿戏蟾,玉质莹白,润似新剥荔枝。

天灵剃光如轮月,披发四散,于脑囟分开。袒乳露腹,喜笑颜开,双足舞踏,左手握珠藏于耳后,以戏逗缘右肩攀缘而上之金蟾,而颈缩肩拱,抵膝之右手五指绷直,大有触痒不禁之态(图34)。腰间别扫帚一把,即"一帚扫清三界尘,戏蟾犹自不离身"①之意。另挂串钱与宝葫芦。金蟾俏皮可爱,瞳睛蛙鼓,蛛斑隐起,爪蹼修长犀锐,下腭囊软似能聚气。

刘海儿,道家名仙之一。明清绘画、织绣与传说尝描绘其与众仙游,然不入八仙之列。史载五代时燕人刘海蟾,信道家术,仕燕主刘守光为相。尝以宫赐玉带示其师正阳子。师诲之曰:不如汝性命贵重。乃悟旦夕将有祸至(一说其师取钱蛋各十枚摞置成塔形,讽喻其宦途危如累卵),遂辞官隐入山中修道,号海蟾子,后世奉为全真道教北五祖之一。刘海儿戏蟾种种,谅是民间由其姓名附会而来。

今藏日本京都之元代颜秋月辉所绘《刘海儿像》,手持折枝桃,金蟾蹲踞肩上,相颇深沉,当是现存最早之刘海儿造像。又巴黎吉美亚洲艺术博物馆所藏、上款为"大明景泰五年八月初三日施"之宫本彩绘立轴《五通得道神仙侣等众》一幅,刘海儿于群仙中,敞胸赤膊,面含笑意,金蟾随后。元明之刘海儿,披发并不剃顶,相伴唯有金蟾。至所见康熙瓷器或竹石玉雕之刘海儿,脑顶光圆,相伴者时有唐僧寒山,时有海中龙女,道具则珠、钱、扫帚,增饰愈繁矣。清中期后,渐形式微,仅余蟾与钱串。更有唯钱串在手者,立店家门前招徕主顾。今之世人,于吕洞宾,但知"狗咬吕洞宾"一句俗语;于刘海儿,但知拎钱戏蟾。神仙故事,流传民间,皆经简—繁—简之过程,观此信然。

玉雕得自旧金山某私家。品度其玉工,乾隆以后,难继其响矣。再观笑貌,相术所称纵理纹者,于颧下自鼻翼两三笑漾至口角,手法与所见康熙瓷器全同,足蹈踏歌之态亦同,故定为康雍时物(图33)。尤喜人处,披挂最全,蟾、珠、钱、帚一应俱在,更多宝葫芦一只(图35),为历来所罕见。

由雕工之精湛,忆及多年以前,趋谒北玉四杰之一刘德盈门人杨茂福老师傅,请教识别新、老玉工之道。师本拙讷言辞,时更哮喘卧床,但咳嗽沙哑云:"老工一个劲儿。"当时未忍详问。如今闻识少增,反刍师教,藏旨殊深。试为解之:古玉工之切、磋、琢、磨,由始至终,自宏入微,精、气、神一以贯之,无稍懈怠,"一个劲儿"之意一也。古时碾具,铁制砣轮,水蘸解玉金钢砂,手把脚踏,以攻玉之坚,一琢一道白印而已。是一勾一剡,一线一面,皆移时费日,或经年累月,乃成一器。及入赏家眼中,却看似于洒脱不经意间一挥而就,"一个劲儿"之

图33 清 青花釉里红刘海戏蟾凤尾樽

海外拾珍记

意二也。

惜三十年前，为能将之插立于木座上，物主曾高酬请珠宝技工于其左足底钻洞，栽入细如牙签、短如按钉之戴帽钢桩一段，并灌胶以图万年永固。北京匠师俗呼此为"绝户活儿"。余为之疗伤，晨起至暮，屏息静气、目不转睛、柔捻慢摇轻抽者六七个时辰，方取出钢桩并滴入白蜡抚平。幸伤足下，并未妨碍观瞻。虽如此，物主外行，萌此蠢念，不免招人恼恨。而美国技工，不问皂白青红，分明一桩混账活计，竟照样热情洋溢、全力以赴，亦可谓敬业滥施矣。

行中有评玉语云：天残不算残，地残情有原，人残不值钱。此商贾腔调，非惜玉人心情。余谓：天残生苍幻，地残得冥玄，人残妍堪怜。

高8.3厘米

注释
① 见《乾隆御制诗集》五集卷二十四《咏吴之璠竹刻海蟾笔筒》

图34 清 刘海戏蟾 白玉 高8.3厘米　　图35 刘海戏蟾（背面）

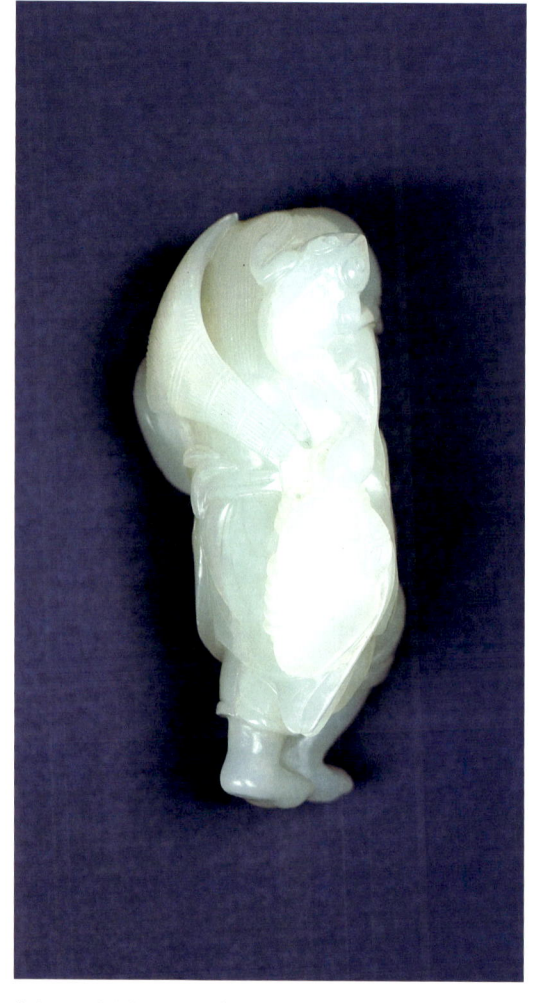

偷得仙家福寿来

东方朔偷桃故事，于晋张华《博物志》初见端倪，迭经演绎，流传至今。

是件购自阿利桑纳一藏家，索价贵甚。玉青白，入掌即觉坠重压手，知为上佳和田玉所制（图36）。雕东方老人戴葛巾、负斗笠，斗笠编织如真物，背微伛、拈髯而立，慈眉善目，笑眼修长，手执折枝桃背肩上，桃两枚，叶四五片，枝端叶梢有黄褐沁斑淋漓点染，平添妙韵（图37）。

刀法洗练简净，棱折挺拔有法度，直逼汉代八刀气象，非乾隆玉工莫属。复观十指手背之柔润丰盈，桃叶栩栩之索索弯曲，更信其是。

是雕与前述刘海儿戏蟾，不过清赏玩器耳。然沉心咂吮其艺诣，又觉非"手眼滴血"四字不足状其良苦。古匠作艺师，不唯玉工，既身怀绝技供奉内廷者如玉璇①、尤通②、祖章父子③、封氏昆仲④，因之足温饱，未尝得富贵也。至如小松⑤、仲谦辈⑥，生时聊以糊口，死时一贫如洗，况芸芸工匠乎？且名家款识姓字，或以馨烈扇熏后世自慰。至于无名匠手如雕东方朔、刘海儿者，利难奢求，名亦湮没无闻。然检视古来件件遗作，技已揭响云霄，犹日孜孜，益入无涯之境，而埋首不求人知，虽一剧一镂，莫不矜持自重，"手眼滴血"以为之，性中似有沉沉海灯大光明者。且不论以今人汲汲功利取巧风习，既操文人士大夫"三代以下唯恐不好名"之心揣度之，殊不可解悟，殊不可解悟。

噫，秉性愚钝兮，大诚至朴兮，唯天知鉴。

既非鸿篇巨制，亦非白玉羊脂。购之，唯因其佳。某西人藏家尝当余面笑讥"中国买家买玉，唯玉白个儿大者是取"，闻之颇不平。或有其人，绝非全体，奈何一言以蔽之。诸国人同道自当引申为戒，总以朱子教诲"有则改之，无则加勉"为是。

通高8厘米

注释
① 杨玑，字玉璇，康熙间福建寿山石雕名师，曾入内府为御工。
② 尤通，字雨源，康熙间犀角雕高手，受征召入苑作。
③ 见"三入岳阳人不识"注②
④ 封锡禄，字义侯，弟锡璋，字汉侯，康熙间竹刻名家，同时值艺清宫养心殿。
⑤ 朱小松，名缨，字清父，明末嘉定竹刻大家。据明徐学谟《朱隐君墓志铭》，"当君属纩时，瓶乏宿舂。"
⑥ 濮澄，字仲谦，明末清初金陵竹刻执牛耳者。《陶庵梦忆》称："仲谦名躁甚，得其一款，物辄腾贵。三山街润泽于仲谦之手者，数十人焉，而仲谦赤贫自如也。"

图36　东方朔　青白玉　高8厘米

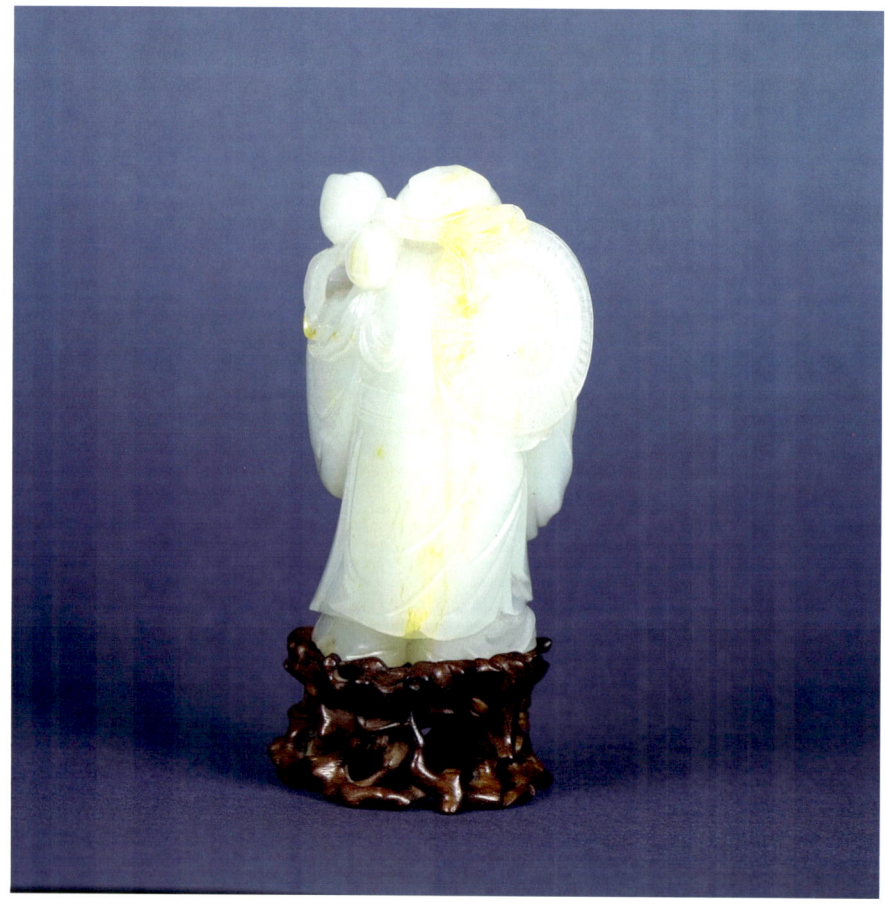

图37　东方朔（背面）

竹雕

明末清初竹雕双福

古谚云:"福无双至,祸不单行。"避祸趋福,乃人之天性。福不厌其多,多多而益善,欲全祈满,更是人之常情。雕童子二,各手执一蝠,或雕童子一而双手托两蝠,称双福,亦称福孩儿,聊慰天道不惬人怀之憾。

童子留双髻,体态圆胖,筋肉丰满,掌足墩厚,不过犷刀阔斧、勾勒大形即止,目睛、鼻口、舌齿,则着意微巧,扶肩抱背,欢天喜地(图38)(图39)。庄子所谓匠石斫垩之技,妙在运斤成风,而收放自如、恰到好处。

明代中叶以降,朱氏松邻、小松、三松三世雕竹艺兴。封氏承其圆雕一脉而奋出创树,遂自成一派,大盛而有遮天之势,一时圆雕,几无家不宗封也。是雕乃封派初期作品,时在明末清初。

通高23厘米

图38 明末清初 双福 竹 高23厘米 　　　图39 双福(背面)

明竹雕鼎式方炉

炉沿镂回纹，下衬阳线两条，此外一任光素（图40）。炉侧各立双角虬龙一，脊棱凸节，以为耳柄；似猝然相遇，爪抠炉壁，错愕瞠对，呵呵傻笑。炉底柱四足，狮面而象端（图41）。

狮面，或称兽面，叱咤吞吐，凶芒眈眈，与明嘉靖间铜瓷炉具之所饰，属一朝风貌。

通高14厘米　通宽14厘米

图40　明　方炉　竹　宽14厘米

图41　方炉（侧面）

明竹雕螭虎穿荷仿犀杯

　　椭圆敞口，宽流，渐敛腰腹，略放为方圆圈足。杯体仿青铜古玉纹饰，陷地起蟠螭拐子纹（图42）。杯之一侧，雕两幼螭咬逗为戏。另侧则荷莲蓬坠挂低垂，大螭三，肌筋腱股，腰肢娇娆，正钻花入茎而上。一螭逆峙，回首扭身，翘臀撅尾以供蹬踏（图43）（图44）；两螭循酒香，推挤攀爬，至杯沿，钩扒窥探，喷涎嗅味，眼球骨碌放光，面露喜色，未待滴沾已魂迷自醉矣（图45）（图46）。

　　螭虎之造型爪牙，与故宫博物院藏明末鲍天成制双螭耳仿古执壶全似。荷花之雕工，植亭净嫩，掐之，瓣肉似含汁水，乃明季雕手之绝技（图47）。

　　晚明清初雕家，并不因施雕用材而窄限庭户。如仲谦、尤侃、天成、锡爵、锡禄诸家，竹檀犀牙，多入手通镌。犀角囿于天然形状，成器以杯、鼎居多，纹饰则博取众采，竹木雕杯亦反躬吮哺，模仿犀杯之形。不同料艺，参融交汇，于此可见。

　　最大直径12.6厘米　通高11厘米

图42　明　螭虎穿荷仿犀杯　竹　高11厘米　杯径12.6厘米

图43
螭虎穿荷仿犀杯（侧面）

图44
螭虎穿荷仿犀杯（局部）

图45
螭虎穿荷仿犀杯（杯沿）

图46
螭虎穿荷仿犀杯（局部）

图47
螭虎穿荷仿犀杯（局部）

海外拾珍记

明竹雕渔樵唱答仿犀杯

大江流涌，波伏浪缓。树石站岸，蒹葭影坡。泛江篷船，由远而近，渔人坦坐船头，后有划桨及鱼篓（图48）（图49）。山上樵夫，卸柴少歇，眺望熟识船过，并五指拢口，扬腔遥喊，令绕杯山水，开逸渺寥廊之感（图50）（图51）。渔人颔首，笑欲作答（图52）（图53）。巨磊块错间，盘松冉冉云蔚，团簇伸入杯内，巧为握柄（图54）。此图之大概也。若入细观，篓编、篷篾、竹笠之纹，乃至胡须指趾，弥不逼真。

杯形与上例螭虎穿荷杯同。口流边沿，雕岩壁肥淤倒悬，以增厚加固。底足卧苍松年轮纹理（图55）。尝见尤侃制犀杯三具，手法纯似。

适往洛城岱思画廊访画，恰此杯与螭虎穿荷杯寄售柜中，即购之。一矢双雉，快哉快哉！

最大杯径14厘米　通高10.4厘米

图48
明　渔樵唱答仿犀杯
竹　高10.4厘米　杯径14厘米

图49
渔樵唱答仿犀杯（局部）

图50 渔樵唱答仿犀杯（侧面）

图51 渔樵唱答仿犀杯（局部）

图52　渔樵唱答仿犀杯（侧面）

图53　渔樵唱答仿犀杯（局部）

图54　渔樵唱答仿犀杯（侧面）

图55　渔樵唱答仿犀杯（底部）

清初竹雕蟠螭饕餮纹仿犀杯

仿青铜爵，敞口，略内敛而成流，边沿刻回回锦（图56）（图57）（图58），杯体薄起饕餮纹为地，其上高雕壮幼蟠螭有八，五躯纠缠做柄（图59）。三躯蜿蜒游移，觅径上爬。

雕镂工谨，螭形丰腴，制作年代已入清。

最大杯径13.5厘米

图56
清　蟠螭饕餮纹仿犀杯
竹　杯径13.5厘米

图57
蟠螭饕餮纹仿犀杯（杯沿）

图58 蟠螭饕餮纹仿犀杯（局部）

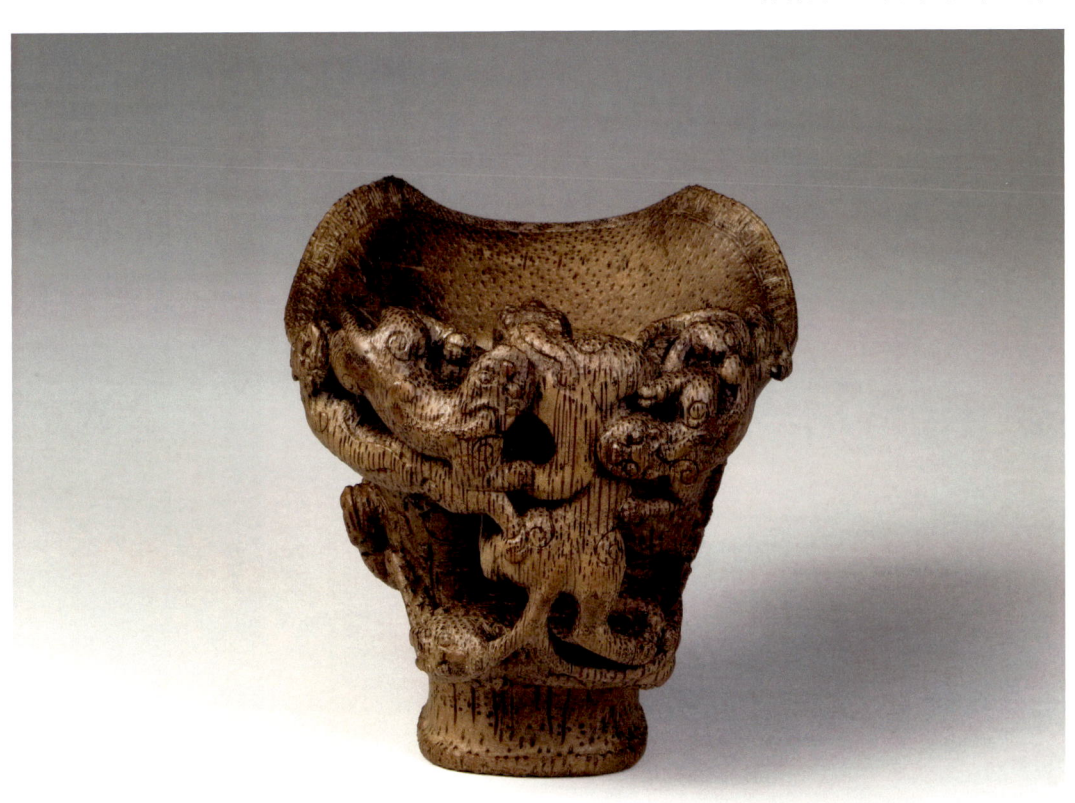

图59 蟠螭饕餮纹仿犀杯（侧面）

明末清初竹雕和合二仙

竹根圆雕。调皮寒山，立洞石上，扭腰正向，反执碧茎，荷盖、莲苞自身后耸出顶上，遮扣如斗笠，左手拎灵芝如意；散仙刘海儿，手扶膝，翻足掌，持双钱，傍坐倚偎，状至友爱（图60）（图61）（图62）。金蟾伏匿石阴凉下，探首蹑足，摸索欲上，又偷缩不敢响动（图63）。

和合二仙，所见多矣。此件搔心着痒处，悉在欢笑。寒笑开怀，真个笑得舌颊乱颤、眼花泪溅；刘笑莞尔，抿嘴儿腼腆，开脸秀美；憨蟾可笑，而灵芝如意，亦是咧口笑样儿。我国古代艺匠，极善驾驭雕材，虽坚硬者如石，倔韧者如竹，入手即能柔服听命，状笑传神，最是拿手，较之西杰名作，毫无逊色。今之国人，多能道"蒙娜丽莎的微笑"，却不晓自家祖先技艺，得无其憾乎！

本书考据篇"和合神"一节，尝论我国和合神祇之演变大略。书稿甫就杀青，从丹麦古玩商坎斯处收得此件，恰是拙论所及"寒刘配"和合二仙。宽额大耳，瞳内留仁，吴带曹衣，流纹快利，制于明末至康熙初年。亟补入以充实例。

通高23.2厘米

图60
清　和合二仙　竹　高23.2厘米

图61　和合二仙（侧面）　　　　图62　和合二仙（背面）

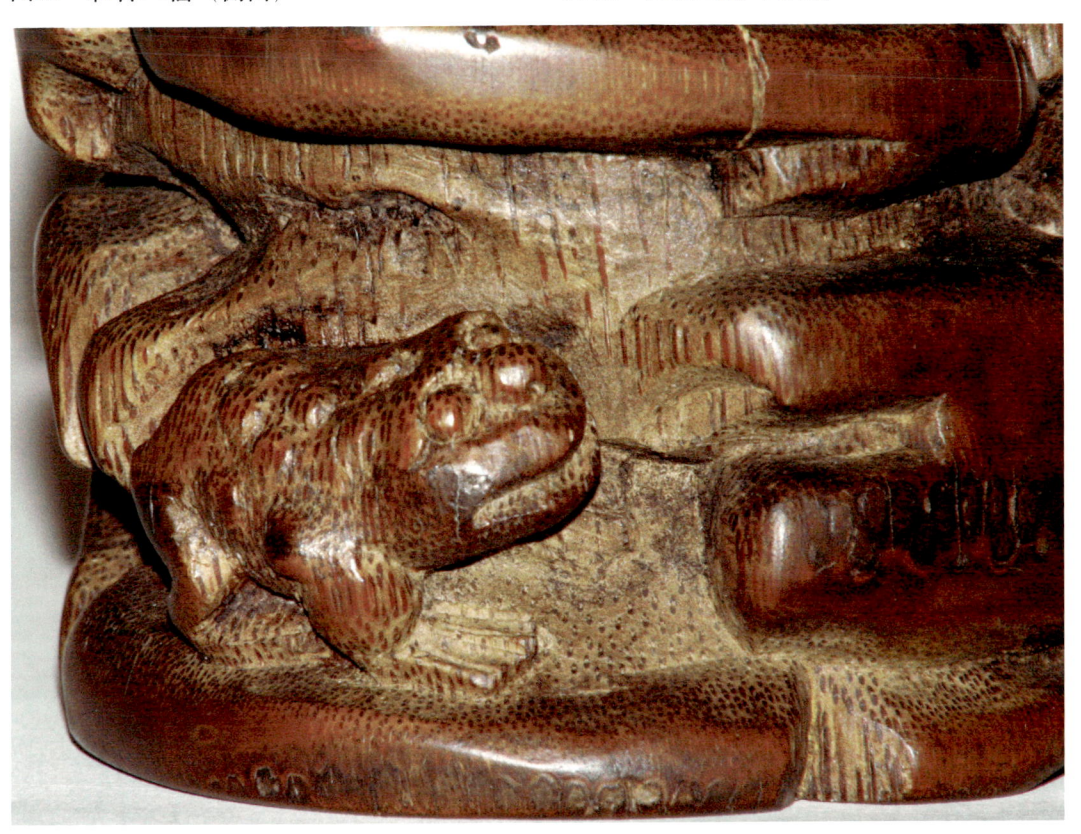

图63　和合二仙（局部）

清初竹雕吕洞宾与城南柳

继牙雕吕仙醉归之后，复三载，又得此竹本。异工而同曲，吕仙柳精，与余前缘殊深也。

吕仙携佩之物，少一箬笠，多拂尘一柄、葫芦一只、灵芝两头。柳精捧酒案，脑顶出柳枝，三杈倒挂。雕手将就竹材之势以构思，上大下窄，四脚纷沓，然无局促之感（图64）（图65）。

得之于后，年代则略早。观吕仙眉眼手相，不能晚于康熙。

通高29厘米

图64　清　吕洞宾与城南柳　竹　高29厘米　　　图65　吕洞宾与城南柳（背面）

清初封始豳竹雕寿星

美国各地常有小型遗产拍卖会。老人亡故或祖屋易主，家传旧物常随之散卖，其中值优者则拍售，价多不昂。竹雕寿星即来源于此。

初望其气，年代老且佳，饱浸寻而难得之味。顺竹根天然曲斜之势，成寿星龙钟伛偻之态：头上仙桃蔽罩，一童子捧大桃，踩立脚面，蹭袍贴腿，挤得脸蛋儿歪，寿佬儿满挽银髯丰绵，俯首下视，老眼昏花迷离，笑漾慈和（图66）（图67）。

竞得，同行友人持去赏玩。当晚兴冲冲电话相告：寿星身后袍裾下，有朱文篆款方章一枚，文曰"周县"，县为繁写。虽疑似地名，仍考"周县"其人，不得。月余归还，识读款字，方知非繁写之"县"，乃是"緜"字，"绵"之繁写也。于是再索"周緜"其人，又不得。夫寿星雕像，乃千年老腔，兼之遗世极夥，人每以凡俗视之。此雕手竟有千钧气力，超迈拔颖于陈谈旧题之中，令凡俗非凡也。或余之所据有限，谜底正睡在史山某洞而未晓，则留待来日详寻。或乃无名低微者，文献失征多矣，如是，必撰传，为艺录增一条目。

某晚散步溪旁花树下，漫想及之，忽有所悟，不由连呼"糊涂、糊涂"。周，百家大姓氏，然怎能逢周必姓（图68）！古人横书或章字并列，多惯右起向左。竹雕之印文，依此应读"緜周"。

一线熹微，隐现天边，为之一振。亟归，翻书复查，终得緜周小传，为之狂喜雀跃。

封始豳，字緜周，封锡禄之子。锡禄，字义侯，清初嘉定雕竹巨擘，康熙四十二年与弟锡璋同入养心殿值艺。清金元钰《竹人录》称其"摹拟梵僧佛像，奇踪异状，诡怪离奇，见者毛发竦立。至若采药仙翁，散花仙女，则又轩轩霞举，超然有出尘之想。世人竞说吴装，义侯不加彩绘，其衣纹缥缈，态度幽闲，独以铦刀运腕如风，遂成绝技。"而緜周，"艺不在乃翁之下。购者授以金，不纳，饮以酒，如长鲸吸百川。举酗落稿，物体象形，鉴者莫名其妙"。

嘉定竹根圆雕人物，咸论盛于封氏而精于锡禄。緜周厥能克绍箕裘，无怪乎于获观之初，已觉出手了得。锡禄真迹，存世绝稀，唯上海博物馆所藏竹雕罗汉一尊，阴刻"封锡禄造像"五字款。緜周手制且属名款者，历来闻所未闻，竹雕寿星或为孤例。缘圆巧合，蒿莱埋没三百年后重见天日，平生大幸大畅事也！

后与友人相推诿，余戏之曰：识字不清，念书欠细，该打手板。吾二人学淑一家，诚两难兄弟。兄长，赠以表字承薛；弟少，愿领表字袭蟠。问典从何出？曰：师讹唐寅为庚黄，学误周县复周緜。彼此大笑。

高35厘米

图66 清 封始豳寿星 竹 高35厘米　　图67 封始豳寿星（背面）

图68 "緌周"款

木雕

清黄杨雕渔翁

黄杨雕老渔人，衣襟坦敞，挽高髻，介寿眉，搂竹篓，背肥鲤。本风吹日晒劳作之人，皮包筋骨，榨无余脂（图69）（图70）。

以料器或牛骨嵌眼珠牙齿，乃清代晚期新兴工艺，仿佛别开生面，实属画蛇添足。

渔人造像，先归之渔家乐别章。后玉瓷竹木之制，所见渐夥。夫耕读渔樵，古人退居守志四事也。雕家盍及其余，独塑影渔人，是自树一题，另存含义欤？若采自吕尚渭钓，比拟志量浩瀚、待机青云之士，似榫卯不谐。若典用屈原《渔父》，方之圆融明哲，随世之清浊而濯缨足、取进退、全性命之大智慧，于理于义，固深固奥矣，但嫌自作多情耳。

纽约索斯比曾拍出牙雕一件：腆肚大汉，宽衣肥裤，托展芭蕉绿叶，一呦呦幼鹿，跽跪叶片上，大汉以灵芝手喂为戏。中国翰海亦曾拍出一件，遍施彩绘而风貌绝似。再有一件，背面刻艺家题语、姓字及民国年款，故推知三件均是民国时作品。牙雕名取《列子·周穆王》蕉叶覆鹿故事①，摒弃其世事变幻，浮生如梦之本喻，以鹿、禄谐音，只取"得禄"福祝。触类旁通之，始悟渔人立雕，盖出《战国策·燕策二》鹬蚌相争，渔翁得利寓言，而篡变其原意，因鲤、利谐音，唯祈"得利"之吉。复忆经眼渔翁所获之鱼，果然尾尾皆鲤。

通高24厘米

注释

① 《列子·周穆王》："郑人有薪于野者，遇骇鹿，御而击之，毙之。恐人见之也，遽而藏诸隍中，覆之以蕉，不胜其喜。俄而遗其所藏之处，遂以为梦焉。"

图69　清　渔翁　黄杨木　高24厘米　　　　图70　渔翁（背面）

清雍乾黄杨雕写真坐像

祖宗遗影、生人肖像一格，始踪湮远，画苑久传。迨明至清，状貌象神，技臻纯熟，乃得盛行。一如今人摄影，或行乐游宴，或寿诞喜庆，留念而已。工师匠手，当然循风模进。及康雍乾三朝间，不唯丹青绘描，石雕、泥塑、竹木镌镂，亦纷登用场。《红楼梦》六十七回"见土仪颦卿思故里"，写薛蟠远游携归诸物，"又有在虎丘山上泥捏的薛蟠的小像，与薛蟠毫无相差"。宝钗"拿着细细看了一看，又看看他哥哥，不禁笑起来"。雪芹当时人，所述堪取为凭。又王世襄先生《雕刻集影》①收录两实例：汪木斋镌石雕唐英像与清寿山石雕人像。据刀法、取材乃至题字笔迹，后者亦出汪氏之手。汪氏，亦雍乾时人也。

此黄杨雕像，属对真摹生（图71）（图72）。像主乃一介儒生，正当盛年，着清装常服，蓄长辫，持书端坐。观其相，国字方脸，皮绷肉紧，双唇薄抿，面净无须，天灵隆，颧骨凸，眼神敏锐，权腮见于耳后，是心忍有机谋之人，功名可望，唯下颚缩蹙，晚年似欠福寿。旁立一小儿，握芝抚鹤，容貌酷肖像主，并列如大瓜小瓜，显然父子。再伴以青松瑶草、灵芝卧鹿，主次人物景置，借玲珑山石过渡，连接为整体。

由汪木斋作品及此像，可知当时写真小照，其刻画状微之功，专攫像主面容神态，其余衣饰、摆设、景境，仍可挥添想象，作寓喻处置。

高15.8厘米　宽13.6厘米

注释

①见王世襄先生《锦灰堆》贰卷：雕刻集影例31、例32。

图71　清　人物坐像　黄杨木　高15.8厘米　　　图72　人物坐像（背面）

清中期黄杨雕渔人乐

歇钓收罟，老渔人席地小憩。一手遮罩渔篓，人可想见篓内鱼虾，活蹦乱跳；另手五指空拢，原必持一活插物件，惜已佚。仰雕手攥捉瞬息之功，由幻散眼神、陶饧情态，猜得手中本旱烟管一杆；尽日辛劳之后，深吸缓嘘，正在通体舒泰时（图73）（图74）。

四处倩人配制烟管，黄杨难觅，象牙价贵，且雕刻愈微而工酬愈昂，因之久宕未果。后自剪园竹细枝以代，试试竟好，多节而孔通，宛若天成。

原配藤根形黄杨座托。

通高14厘米

图73
清　渔人乐
黄杨木　高14厘米

图74　渔人乐（背面）

明末清初伽南香木雕杯

　　初,洛城某拍家寄来图录,雕杯在焉。玲珑将可盈握,工在晚明清初,材则似柏似楠,又似黄檀梨枣。杯小,然不敢小视,盖恰因其小,每以罕贵之材制就。或反言之,罕贵之物难得大材,故每制为小品。经再三审察,隐见黑色筋纹密纵木质中,更似沉香木脂脉。恐图录光色失谱,究竟惑辨其类,遂亲自长途驱车往观。

　　确为沉香木之属。杯之用,酒杯也。雕如意童子为前导,神仙人物二,游赏松竹下,一踏石登高,擎鲜折仙桃,一采摘已得,捧抚仙桃,闲坐山石上(图75)(图76)。刀法之细腻,难与未见原物者道哉。然杯之质色,乌浓黑紫,膏渍凝积,又油润大异常类。就手中嗅之,一经鼻息温暖,便有幽香徐徐出,飘乎游移,若断若续。少顷,渐团浓郁。以舌尖点之,微觉麻辛苏辣,方悟乃伽南香木。

　　案安南、爪哇、海南所生诸香树,结沉香者乃沉香木,若染瓶霉菌株(Phialophora Parasitica)而结香,即是伽南香木。剥剔木质,随纹镂出,得伽南香,又称奇南香等等不一,历来为香家魂梦中尊珍王品。沉香木雕品,尚时或可见。而伽南香木雕,以两岸故宫博物院之重,知名于世之藏品,亦不过龙凤觥、龙寿珮、花蝶扁方数件而已。

　　历一番争夺,雕杯落余掌握。正四处走动稍事喘息,忽听唤名声。却是洛城古董商约瑟夫,于纽约曾有一面之雅。彼笑云:吾于身旁观战,汝竟不觉?吾店中亦有小木杯一只,状貌酷似,欲得之乎?此时拍卖尚未结束,遂约晚会。至其时,出杯示余。一见之下,且叹且笑。只雕刻故事不同:颓唐醉仙,依石酣枕,杯犹在手,松阴遮顶;远处席地一小童,正自瞌睡;近侍一童子,勉强站立,不免乜斜困晃(图77)(图78)。除此之外,两杯并立,活似一家弟兄,謦欬相通,亦缭袭芬馥,公然又是一只伽南香木酒杯。

图75　明末清初　酒杯一　伽南木　高6.5厘米　　图76　酒杯一(背面)

香家言：欲睹真伽南一面，须积三世阴德。语虽夸张，其难确在。

又古艺行中，向不以件头大小论尊卑，大者自好，小者亦佳，更不依之定施艺之精疏，反是器愈小，愈倾力攻之，以图小中见大，远如橄榄核雕，如鼻烟壶，如瓷珍鸡缸，近如沉香小杯一类。此两杯系伽南香木，其雕画刻图，却与所见同时沉香小杯及诗筒笔筒浑然一路，足成沉香木雕一派。而风格上溯，宗出晚明雕刻名家江春波也①。中国台湾某藏家有春波属款沉香笔筒一只，证之了然。且沉香伽南二木制酒杯，香脂酒浸，缓释渗溶酒液中。久饮之，芳香开窍，活血和中，体魄俱适。春波博识药材奇木，喜采之以治珍玩小品，更善酿美酒。其钟情沉香雕若此，且寿近九十，所以杯与酒两相得益然邪？

杯既得，裹护以纸。三百年物，香氛透染数层。归后，密封琉璃罐中，纸遂弃之一旁。经旬，偶然展纸再嗅，香竟依依不去，亦罕事。

当香嗜难耐时，自不忍置杯爇炙，唯净手笼之，令之煴发香问。香之奇，幻变悠勃，吸入灵髓，刻骨心瘾，永世不忘。每欲述诉文字，惜无可名状，搜索枯肠，不得形容。旧日读《影梅庵忆语》，辟疆小宛，一双香痴，静坐香阁，细品茗香，其"风过伽南，露沃蔷薇，热磨琥珀，酒倾犀斝"及"梅英半舒，荷鹅梨蜜"之赞，蔷薇、梅英、荷梨言其芳甜，琥珀言其松辛，酒犀言其飙沁，排比堆砌，差强达意，未许痛切传神。料古今香迷欲品而论之却腹笥告窘者，非止余一人。

杯一：高6.5厘米　杯二：高5.9厘米

注释

①江福生，字春波，晚明时苏州人。据《酌泉志》：春波"雕刻神像，所得工价，尽买药材奇木。则取藤瘿古木、湘竹制为砚山、笔架、盘盂、臂搁、麈尾、如意、禅椅、短榻、坐团之类，摩弄光泽，皎洁照人，富贵家莫不持重贲以求之。"

图77　明末清初　酒杯二　伽南木　高5.9厘米　图78　酒杯二（背面）

清初黄杨雕达摩禅祖

高僧达摩，自天竺泛海，漂来中土。梁武帝遣使迎至金陵，话不投机，渡江而去。黄杨雕恰写其待渡回眸之时：敞披僧袈黎，下摆飘扬，大有风意；赤两足，抱双拳，持枯偻杖负于肩头，其胡貌梵相，鹰目炯炯，笑貌江天，乃显一肩云水，傲岸风骨（图79）。

杖端系挂麈尾拂尘，寻常什物。倒是那斗笠一顶，颇以为奇异：只见笠檐圈，不见笠帽顶，那枯偻杖，竟自圆洞中穿挑过去（图80）。思之不解，乃谓钵僧贫简、破笠漏瓢之故。忽而想到《红楼梦》"金兰契互剖金兰语，风雨夕闷制风雨词"一回，写宝玉与黛玉言北静王所赠斗笠："别的都罢了，唯有这斗笠有趣，竟是活的。上头的这顶是活的，冬天下雪，带上帽子，就把竹芯子抽了，去下顶子来，只剩了这圈子。下雪时男女都戴得，我送你一顶，冬天下雪戴。"

原来顶檐两分，雪雨两用。按照比对，通！唯不意今日竟见此这活顶斗笠于禅祖背上。

参比康熙时福建德化瓷及闽派木石雕刻，颇多神似处，年代亦前后相距不远。

得之于洛杉矶古董商。

通高25厘米

图79 清 达摩禅祖 黄杨木 高25厘米　　图80 达摩禅祖（背面）

文房清用

明青玉荷洗

和田青玉仔一圆，锈褐纹斑，赤糖黑沁，斑驳苍润。

随形掏膛做荷洗，擎盖仰承，叶脉八向散射，叶边内敛外翻，叶背陷地起筋纹，隐浮滋蔓。夏日红蕖一朵，瓣开蕊吐，娉婷旁出。嫩绿尖荷两片，当风舒卷，摇曳左右。茎干遍点芝麻坑，大小粒粒，以状纤刺（图81）（图82）。

雨蛙一只，蹲踞叶掌内，敛颐凝神，似欲扑跃。倾水入洗中，一时声色皆活。待墨歇笔收，舔涤毫端于蛙首，饶韵趣。

观玉品玉工，明末清初之物。旧配黄花梨底座，整料挖锼而成。

得自伯克利一民家。

径长16厘米

图81
明　玉荷洗
青玉　径长 16厘米

图82　玉荷洗（背面）

明玉兰洗

玉兰，或配以牡丹，喻玉堂富贵。此洗以折枝玉兰为题。花事正盛，怒放大朵作洗池，池壁外旁枝蔓向，拳拱如老藤，玲珑洞空，恰能纳指当柄。苞蕾、幼朵有待放初开之分，嫩芽、郁绿具新吐垂阴之态，攀缀枝头丫杈间，娇婉媚生（图83）（图84）。

工致润洁，花瓣连珠打洼，是晚明清初玉工。白玉兰，花白微碧，选青白玉，可称识材善用。

径长12.5厘米

图83
明末清初　玉兰洗
青白玉　径长12.5厘米

图84　玉兰洗（侧面把手）

清初黄花梨秋荷笔觇

剪听雨芰荷两叶，边薄而敛卷，焦蚀漏孔，豁口枯缺，高低错叠成两受笔处。撷菡萏两茎，风姿犹挹露姣好，一从叶洞穿流而下，仰粉肌于左，一自叶底蜿行而上，捧红萼于右。莲蓬一头，含粒静孕绿暗下（图85）（图86）。

见于犹太裔古董商希尔伯特处。屈就座托，上承碧玉葵花盒，硌棱不稳。盒晚清工，无奇可道，妙在座具。葵形荷韵，本非原配，亦非座托，乃清初黄花梨秋荷笔搋，又名笔觇。搋，用以拸锐毫锋；觇，窥察侦伺之意，谓书画落笔之先，略点墨、彩其上，试观墨泽设色浓淡之宜。

寻以清红木雕花座一具换之归，得"两头儿乐"也。

径长13厘米

图85
清　秋荷笔觇
黄花梨　径长 13厘米

图86 秋荷笔觇

明羊脂玉蟹形书镇

　　一蟹匍卧，八腿蜷屈，双螯钳抱，咀嚼沫泛，眼柱滴溜竖凸，十分机警。铁壳隐约隆伏，边缘尖翘，护甲钉铆错落，惟妙惟肖。请教老饕行家，审其形象身量，腹甲尖脐，腿沿以短锉饰刻金毛，当是阳澄湖大闸蟹玉影，雄性（图87）（图88）（图89）。

　　羊脂白玉，质坚凝，火气尽消，沉凉静彻。晃映于天光下，溶溶一抹远霞淡红。观屠砧新割羊脂，确于白中微泛粉红色。古人状物喻物，如鸡骨白、鳝鱼青、芋头地儿、美人醉、瓜皮翠、豇豆红诸品色，联想俚怪奇兀，实观察精准，求朴素易解耳，无意打诳妄语也。

　　题材之摄相构图，极见巧思。夫蟹，水族之纠纠威武者也。设刻画其经纬横行之姿，举螯张扬而长戈锥戳，必不畅把玩且纤脆易折。尝见清雕玉蟹，身架空，足八跨，钩尖刺地，虽承以木托，仍觉岌岌可危。此件乃取蟹之静态，肥螯环搂胸前，腿足顺次抿拢，浑成一体，抚之手感圆适。

　　琢工朗逸超迈，有大匠不动声色之风。信是明代书镇，或出自姑苏专诸巷玉工。

　　得自德国莱普兹。欧美拍卖行中人，未解个中深奥，每直白其名曰玉蟹。查《旧五代史·选举志》与《宋史·选举志》，科举甲科进士及第者之名，俱书之黄纸附于卷末，曰黄甲。南宋华岳《翠微南征录·示诸同舍》有句："三举不登黄甲去，两庠空笑白丁归。"明时沿袭旧制，可参见明彭大翼《山堂肆考》。又据《事物异名录·水族》，"蟹之大者曰蝤蛑，名黄甲"。

　　由是，置雕蟹于案头，一则励志苦读，盼早日黄甲高第，二则于开卷功课或倦读释卷之际，用以镇压书页，令之免遭指爪侵按或折角叠记之厄。江南古风，出美蟹，出好文人。隋唐科举兴，更出状元榜眼探花郎，明季尤盛。黄甲之喻，或由当时士子辈倡始。

　　雕蟹科甲之喻，另具一格。将芦苇一梗，或口衔螯剪，或体下环盘。唐司马贞《史记索隐》引东汉苏林语云："上传语告下为胪，下传语告上为句。"宋制，殿试后，集新进士于集英殿，皇帝登殿宣诏名次，阁门承旨，转传阶下，众兵卫高呼唱名，是谓传胪。《明史·选举志》："士大夫通以乡试第一为解元，会试第一为会元，二、三甲第一为传胪。"至清朝，特指二甲头名为传胪。胪芦谐音，蟹与芦苇，寓公车胜出、黄甲传胪意也。或蟹即解元之解，亦通。常易与蟹啮稻禾，意"和谐"者相混淆。然芦花缨丰，稻穗辫细，叶形亦有阔长条窄之别，辨之立判。

　　古来吉祥寓意纹样，入清愈添繁缛。向所过目者，黄甲传胪五六件，采料或玉或竹或黄杨，俱为清工；黄甲，则以此明代玉蟹为最早。

　　长10厘米

图87
明 蟹形书镇
羊脂玉 长 10厘米

图88 蟹形书镇（正面）

图89 蟹形书镇（背面）

文房清用

明竹雕太师少师笔搁

　　雄狮爪地，前踞臀拱；幼狮娇纵，摇尾仰鼻。腰凹处，恰好搁笔。明时案头物也，鬃尾披垂之间，可见墨漓凝渍，已与竹丝碳化一体矣（图90）（图91）。

　　太师，位列三公之首。少师，位列三孤之首。据《书·周官》：立太师、太傅、太保，兹唯三公，论道经邦，变理阴阳，官不必备，唯其人。少师、少傅、少保，曰三孤。卑于公，尊于卿，为三公之副，以辅天子。民间变通音义，作雄狮幼狮以象太师少师，望高官厚禄，代续人传。

　　长8.6厘米

图90
明　太师少师笔搁
竹　长8.6厘米

图91
太师少师笔搁（背面）

明铜鎏金三清图笔筒

  黑漆古，六方形，松、竹、梅各据两方，凸铸鎏金，灿然醒目，根节堆纠，扭做三足（图92）（图93）（图94）。常着手泽处，露出斑斓铜色，如絮霞翳雾，愈衬得松曳影、竹笼烟、梅霁月。

  曰三清图，旁铸题句。松取李成，盘结如龙翔凤翥，题"坐对长松气自豪"；竹采徐熙，琅琅见籁挺骨圆，题"竹解心虚即吾师"及"清风峻节"；梅本金俊明，铁干却萼蕊楚楚，题"梅花香自苦寒来"。书体跌宕朴俊，勒刬率性，布局行气，纯然明风。

  高17厘米

图92
明　三清图笔筒（松）
铜鎏金　高17厘米

图93　三清图笔筒（竹）
图94　三清图笔筒（梅）

清康雍紫檀雕竹林七贤笔筒

檀香紫檀，黝莹如墨玉，质极坚润。以峻深精绝刀风，刻竹林七贤图。

《世说新语·任诞》："陈留阮籍、谯国嵇康、河内山涛三人年皆相比，康年少亚之。预此契者，沛国刘伶、陈留阮咸、河内向秀、琅玡王戎。七人常集于竹林之下，肆意酣畅，故世谓竹林七贤。"东晋孙盛晚生约百年，其《晋阳秋》称七贤"于时风誉扇于海内，至于今咏之"，亦可谓预言千年后事。

雕手当是熟稔典故之人，刻画七贤，个性鲜明，颇合史籍所述。山涛年最长，面南上首而坐，临棋阵，捻须沉吟，听弦响，赏会于心；与之对弈者王戎，年最少，慧容秀彻，一双视日不眩之目，正如裴楷所赞："烂烂如岩下电"；阮咸妙解音律，创制十三柱长项琵琶，后世称以其名，正自弹拨，旷达不羁（图95）；阮籍善酣饮，托醉逃世，倚山石，扶斜松，傍酒瓮，杯犹在手；嵇中散龙章凤姿，天质自然，挟琴谡谡于林下，人"未尝见其喜愠之色"（图96）；向秀平生好读书立言，《庄子注》启迪郭象，《思旧赋》悱恻《昭明》，手展一卷，莫非老庄之文邪（图97）？而酒徒刘伶，淡默少言，放浪形骸，荷锸当风而立，人能闻其"死便埋我"之声（图98）。

清初物也。自嘉道之后，竹木牙雕竹林七贤，虽存老少之别，然张张胖胖团团和气脸，不复能辨明正身矣。

人物情貌自不消说，便是竹个搭叠、松针伞圆、枳实桐茂，𪩘阴洞萃、浪鳞波纹及何处铲鏾、何处钻镂种种手法，无不与下述黄杨会昌九老图画筒形神俱似。遍观传世紫檀高浮雕笔筒，未见能与之相颉颃者。

风格同一之器，迭经手目，乃知绝非独奏孤响，必是赫赫一派，且为清初诸雕派中直接文人书画、迥然雅正庄隽一流。观雍乾间宫制竹木玉牙雕件，斯之一派，已然延入宫中。年代久远，源地失考，匠簿师传亦不录，唯据传世作品未见早于康熙与晚于乾隆者，可略知其气数盛衰。

购于德国斯图加特古玩商施瓦辛格。

高16.5厘米

图95　清　竹林七贤（山涛、王戎、阮咸）笔筒　紫檀　高16.5厘米

图96　竹林七贤（嵇康、阮籍）笔筒

图97 竹林七贤（向秀）笔筒

图98 竹林七贤（刘伶）笔筒

明沉香木随形笔筒

取沉香木老桩，留皮，掏凿半空为笔筒，筒底随形剔凹池，以断纹性裂向。此外不施雕琢，任之天然自在（图99）（图100）（图101）。

悠悠乎岁月，迭迭乎人世。经数百年流风揩抚，脂腻摩挲，所生之包浆，蕴熟深盈，罩体明动，行话称"一汪水儿"，所见明清木笔筒无出其右者，是木已成精也。

古时文人，身受名攻利敌，心寄泉石溪林，以为科宦败沮之退步，功名场下慰情舔伤处。有笔筒如是，伴书侍画，目绕而心游之，若团割紫云，若横截松壑，若掬捧流瀑，而翩然飞峙案头，起人山水归隐、渔笛烟霞之思。

高19.3厘米　径19.8厘米

图99　明　随形笔筒
沉香木　高19.3厘米

图100　随形笔筒（左面）
图101　随形笔筒（背面）

明天启象牙诗筒

象牙制，购之于伯克利古旧书商皮特·霍华德氏。

以余所见，欧美人操古董业者，个个绞肠诡谲。然就性情古怪、行止乖僻评去，又以古旧书商为最。余于彼辈，向无成见。不意遇一个，怪一个，一路领教下来，渐觉该行当端是怪物渊薮。若于怪中更推最怪，必举皮特·霍华德。

初访其书楼，入门即堕昏暗中，但嗅焚香徐来。仰目亟望，天窗小开，光束尘舞。俟稍能辨物，见架栏纵横，塌天欲坍，乌压压皆是西洋烫金旧书。里间幽灯一盏，一蓬发叟，髭沾清泗，腕带花彩塑料念珠，驼伏书城下，键字噼啪，口中喃喃，且目光悚愕。及接谈，眸烁芒刺，喑哑豺声，思绪蹿跳无章。闻余北京人，不解何故，疾转念西藏高原，痛陈历史沿革、宗教信仰、人权惨状。言下，嘴角恸搐，眼圈泫红。岂积忿太久，幸得余家与党中央同居北京地区，权做移情替靶，面斥之以泄恨邪？余于人类纷争向不留意，悯其柔肠，略温慰纾解之。彼凄凄似逢知己。

架上有中文旧书，惜非善本。绕经方柱，柱上托支架，有象牙小筒处架上凌杂间。手取细观，刻山水人物，意境高邈，明人文房诗筒一具也。彼云，筒大有来历，为美国自然光派画家、诗人布鲁斯·波特画室中物①。彼与波氏曾孙女相熟识，十数年间，尽得其祖上图书，此筒亦顺带购入。波氏妻，名门闺秀，大哲人威廉·詹姆斯掌上珠，其叔父，即名作家亨利·詹姆斯爵士，亦极宠爱之②。终亨利·詹姆斯一生，绝婚偶，无子女，或情衷龙阳。虽无女色体验，而端婉淑女屡形笔端，论者谓每掠此女情影入书中。当年太老师赵先生萝蕤在芝加哥大学攻读英美文学，博士论文即择题詹氏小说。先生晚年，余常陪侍左右。先生患目障，仍嗜读詹氏，训余同领其妙。故于詹作知之颇审。

一味攀亲沾故，转觉有异彩缭绕诗筒上。一时更欲蠢蠢。然彼价殊不低，且谓：牙耶骨耶，吾不识，唯识其能入诗画人波氏眼，必美妙，请谐是价方售。余观彼沉吟而价始出，本心无成算，狮子张口耳，便依国人杀价"一刀就砍下他半扇儿"之例，斩之近半。讵料似签戳虎鼻，彼登时血涌面赤，击案咆哮道：吾入旧书业五十七年，名声播扬，国会图书馆亦恭请鉴书释疑。尔何人，敢削价施辱。复多言，必掷尔如掷球，挥手间破窗而出，云云。余笑其嚣张，且年届耄耋，犹任性一至于此，亦可怜。少倾，徐谓之曰：言论自由乃天经，买卖议价乃地义。何错之有？何辱之有？汝方为藏人拭泪，怀慈悲心也。倘任汝辖管其地，生杀予夺悉由之，以汝性情之暴之劣，恐荼毒更甚。闻此言，彼忽微笑摇头，并不置一辞，回身坐定，键字如故。余亦负气出。事至此，须缓图之。

月旬，再访。彼款语温和，判若两人。书商，古旧书商犹甚，自命知书，难入学者雅列，贾贩谋生，见讥富商豪流。如此郁摧纠结，必旁突斜走，化激言戾行而出。众生白眼以为怪，又何足为怪！

复询价，终在彼此价间居中切割。

古之诗筒，制取竹筒，竹节一端留底，诗稿信札储筒内，封另一端，取其防水、防揉折，且轻便易携，借以传寄友朋间。古法初行何时，俟考。然诗筒之名，最晚于唐代已见载文辞。"为向两川邮吏道，莫辞来去递诗筒"，白乐天《长庆集》五三"醉封诗筒寄微之"

句也。宋时，林浦《林和靖集》三"寄呈张九礼"有句："若念故人兼久病，公余无惜寄诗筒。"至明清，诗筒不复行信封之役，转成轩斋长物。晚明屠长卿《文具雅编》，罗列文房器用四十余品，诗筒居其一。

检传世实物，竹制之外，玉瓷牙铜翠晶檀均有，采料颇宽。清末民初藏家褚松窗《竹刻脞语》略述形制用途云："截竹为筒，圆径一寸或七八分，高三寸余，置之案头，或花下分题，或斋中咏物，零星诗稿，置之是中，谓之诗筒，明末清初最多。"褚氏所言尺寸，当作乾隆旧制市尺。持所获牙筒，按之相合。缘其径细而身短，曾疑容得几多纸页？亲为之试：明清诗笺，大小以《萝轩变古笺谱》或《十竹斋笺谱》为例，裁宣纸代之，纵卷成筒，高约四寸。插入诗筒中，即依贴圆径松开，外露恰一寸有余，拈取便宜。是诗筒一具，可纳笺数十纸。爰悟其名其制，本自昔时驿寄诗筒，尺寸则依当日诗笺尺寸而来。亦缘其体小而形筒，今人皆以小笔筒目之。实则虽毛锥蝇毫插筒中，仍悬头重脚轻之虞。明清文事华盛，雅致铺陈，波澜漾及文具，不惮种类别别，钵不烹茶，一器专供一用，由此不难想见。

牙筒盈握，高仅半拃，周转观览，如展读明人横幅手卷：时在丽春日，石栏篱隅，倚山临水。文中友三人，盘桓游憩园中。老松一，银杏一，蟠屈虬曲，交掩遮影，根爪拔石抓岩。仰望之，霭霭幢盖如云。疏阴下庇一人，回首袖坐石案旁，落寞虚旷，似冥想，似有待，似听松柏声（图102）。一书童正携琴步近（图103）。径过湖石竹丛，崖岸立臃癯古柳一株，稍欹倾向水，垂发柔条、披翠拂金，微有和煦风意。另两人凭栏闲话，神情萧散（图104）。极目水波浩渺，远际沙渚一抹；长天云淡，渺渺雁行，向北暖归（图105）。

简括而论，断代晚明可也。进而究索于画风，淡描减笔写意之韵、人物景色布排之境，乃至松针柳条竹筠之法，莫不遥指天启。

镌施浅刻填青法，亦称毛雕，言其线划丝微也，填墨青入痕，画迹始醒目。刻手奏刀，刀头具眼、指节通灵，真运刀如运笔锋：钉头鼠尾，顿挫击节，流奔峭折，皴茸浓淡，有游刃之畅，无纤弱之病，刀刀交代清楚，刀刀有看头。明人画，从来下笔就好。此器直须以观画法观之，方不辜负其妙。

高10.3厘米　径4.9厘米

注释

①布鲁斯·波特（Bruce Porter 1865–1953）旧金山人，诗人、画家、雕塑家、评论家，转载《美国艺术家名人录》。

②威廉·詹姆斯（William James 1842–1910）心理学家，美国实用主义哲学之父。亨利·詹姆斯（Henry James 1843–1916）美国小说家，后入英籍，因文学成就受封爵士，死后荣葬英国皇家西敏寺。后世评詹氏兄弟二人，有"兄治心理学如小说，弟治小说如心理学"之论。

海外拾珍记

62

图102 明 诗筒（正面） 象牙 高 10.3厘米

图103 诗筒（右面）

图104 诗筒（左面）

图105 诗筒（背面）

清初竹刻观鹅图笔筒

竹筒，深鹅油黄，圆直，裁截不留节，上镶口，下托底，均黄花梨制，典型明末清初作法。其刻工，宗嘉定吴之璠"薄地阳文"之法，浅浮雕为主，佐以阴刻。参综平章，断代康熙为宜。

据德国古玩商缪勒氏传来之照片，以为图旨扣东坡《惠崇春江晚景》"春江水暖鸭先知"诗意。倾寄至，亲视之，原来羲之观鹅小景。古竹人状物，下刀有准，鸭儿头扁，鹅儿额高，不稍混淆，因是知之。

只见块岸临水，双松曲张掩映，流风回云，自松间飘拂而过。松旁一小童，挥扇烹茶已毕，回眸观望，待奉茶汤，恰羲之释卷小憩，倚书偃卧松下，闲看河中浴鹅，捻髯髭，正怡然自得之际，因此未便吱声。背面石壁空白，似是留题处（图106）。

羲之好鹅，尝欣然书《道德经》①与山阴道士换群鹅，其挥洒放达如此，事见唐房玄龄《晋书》。其羲之传前有唐太宗制赞，因题御撰。玉言九鼎，非同小可，想必落纸有据。

通高21.3厘米

注释

①一说所书为《黄庭经》。晋人小楷有"山阴县写"《黄庭》传世，而不见有《道德经》，恐是此说风穴之一。另南宋洪迈《容斋诗话》："案张彦远法书要录载褚遂良右军书目，正书有《黄庭经》云。注：六十行，与山阴道士真迹故在。"又李白《送贺宾客归越》有句："山阴道士如相见，应写黄庭换白鹅。"褚、李名高播远，后世多附其说。

图106　清　观鹅图笔筒　竹　高21.3厘米

清初竹刻雅集图笔筒

洞岩透漏，鳞针覆翳。退朝学士二，布衣散人一，啖饮石案旁。答应侍儿，一执梨壶，一上肴馔。抚明人文会雅集本，而人物景致，减省十之七八（图107）（图108）。

无款，当时市货常物也。刀法平熟，布置亦无卓领新奇处，唯觉入眼舒服。仅此，便难煞今之仿古者也。

加大伯克莱分校法学院全如麒教授旧藏。全氏一族，清睿亲王多尔衮后裔。

通高14.6厘米　径8.3厘米

图107
清　雅集图笔筒
竹　高14.6厘米

图108
雅集图笔筒（侧面）

清王梅邻桃花源记竹笔筒

笔筒无镶口配底，只在一材之内讨生活：圈口打洼，留节为底，筒边镂出三凸为足。所知梅邻竹制笔筒诗筒凡四器，高径不一，形制全同，是梅邻习惯，亦可见清初清中之风气嬗蜕移。

竹表因日久年深，莹色如琥珀。筒身刻陶渊明《桃花源记》全篇三百一十七字。起首押"研香"椭圆小闲章，尾题"道光九年，岁次己丑，清和月上浣，书五柳先生桃源记于闲云自怡山馆之西轩。练川梅邻王恒制"，并钤"王恒""仲文"两方章。正如张伯驹先生"竹人铁笔胜毛锥"之赞，其小楷微融行意，气韵匀贯，诵之静逸安详（图109）（图110）。

王恒，字仲文、茂林，号梅邻，嘉定刻竹名家王玘从子，上题练川，乃嘉定古称。王世襄先生《此君经眼录》记叶恭绰先生旧藏梅邻秋声赋图笔筒一件，署"嘉庆十六年岁次辛未，清和既望，节录欧阳公秋声赋于闲云自怡之斋，梅邻王恒书并制"。此件制于道光九年。另诗筒一件，刻高爽泉隽语，似署道光十五年，或小有出入。

据之三款，推知两端。其一，《竹人录》称其"工刻小楷"。梅邻实不唯工刻，且不仰他人稿，自书自画自刻，铁笔竹人、毛锥书画，胜场兼擅之。其二，梅邻生卒之年，大约在乾隆末至道光年间。

余昔藏梅邻桃源记笔筒一件，道光十一年作品，残损过甚，早裂为数瓣矣。

高14.4厘米　径8.8厘米

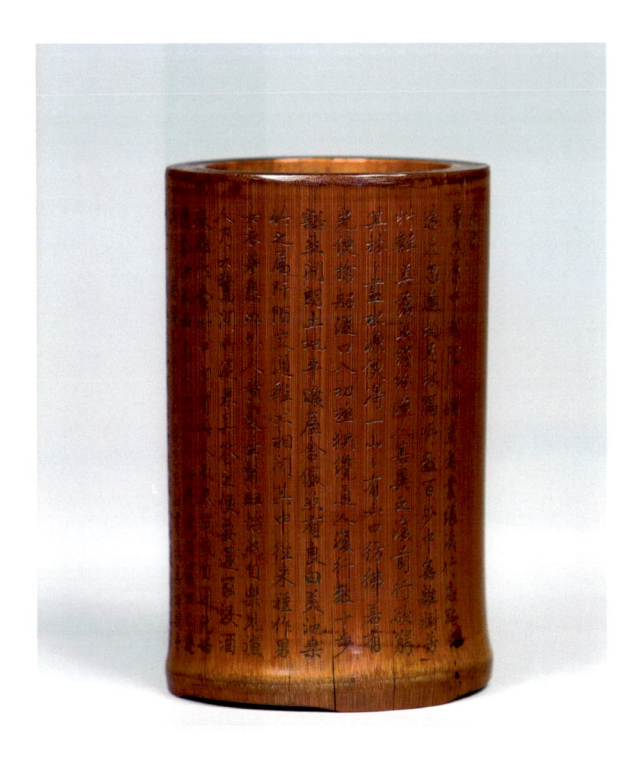

图109　清　王梅邻桃源记笔筒　竹　高14.4厘米　　**图110**　王梅邻桃源记笔筒（背面）

清初黄花梨文具匣

匣长方形（图111），黄花梨制，盛文具——笔墨砚印镇搁之类，故名。

凭材美先声夺人。六面行山岚、云气、湍流、旭日，沉酣痛快，倏忽气象万变，更是明王佐《新增格古要论·异木论》所云花梨之"花有鬼面"而"可爱"者。鬼面，又称狸面，木器行中俗称"鬼脸儿"，矜以为贵。匣之竟体光素，仅沿上下口边起灯草线，环框天然图画。如此线饰小施，全局立见生动有章法，花纹更觉其瑰丽，幽泽更觉其明动（图112）。

起灯草线，分混面、净面。混面，蒙混也，沿线条刮铲阴陷即可，视之线起，实则仍在同一平面。净面于平面上刨铲其余，仅留一线条凸起，再抛磨圆婉。故净面线真，混面线假，费工更以倍计。

匣之立墙，剔出卧沿如瓮城步道，与匣盖形廓吻扣，摇晃仄斜，匣盖不易滑落（图113）。

匣之板块联构，均暗中进行：立墙以闷榫叉咬，盒顶、盒底有暗销勾挂立墙。明清箱匣，多采暴露明榫或角包铜叶制法。此法则难度大增，最能考试匠师手段。制成之匣体，不见榫钉，外观光净匀整，全无措手痕迹，视他法犹胜。

据售匣者称，曾是翁同龢家故物。

长26.8厘米　宽16.3厘米　高9.5厘米

图111　清　文具匣　黄花梨　高9.5厘米

图112　文具匣（盖上狸面花纹）

图113　文具匣

明紫檀嵌银丝镶玉墨床

海外所获诸品，就庋藏过程言之，煴煨熬煎之久，屡扑屡空之沮，莫逾此器。

先是，初夏某日，往伯德富。事毕，遇其亚洲文物部专家汉利，邀余先观近期罗致之物。殷勤难却，随之入库房。踱步货架间，即见墨床横卧底层，但觉华穆缛丽、品贵凡格。汉利从旁插评："此何物，区区座托，月内可上小拍乃尔"，淡描轻探、似问似答，而鹯隼逼注，审颜究色，令人颊侧为之炙灼。余唯唯，略上手检视即归架上，恐触破机关，价即腾贵也。

念念于兹，魂牵梦萦。小拍预展日，亟往伺察，未见墨床。稍拂意，然亦非出意外。中秋前后之"亚洲装饰艺术品"拍卖会上，必难逃我手。

逾数月后，拍卖图录寄至。页页翻过，依然不见踪影，更担心物主生变。忧焚交攻之下，即拨通伯德富库房主管电话。彼新加坡华人，操国语，告之此器仍在，定于十一月底大拍推出。心卜定，乃自宽解：佳器玩好，有目共睹，依理当上大拍，当上大拍。

拍期渐近，先于网上预展看过，无误。待接正式图录，竟不载图像，仅名之"长方形玉板，可能为玉带板，镶于木质底座上"，足见轻视，且标价极低，不觉喜溢胸臆。往预展，亦不敢凑前亲瞻，巡逡观望而已。

开拍日，早早到场。依惯例，趁展厅内影悄人稀，趋近展柜，做战前最后一瞥。殊料腰未弯已惊雷轰顶：墨床不在矣！眨睛再看，不是梦魇，瘆于梦魇，它物均在，独缺墨床！急抽身向外，向前台查问。金发小姐猜是"放错地方"，遂入内询问。返出，展示通知一纸云：昨晚高层会议，定此件及鎏金佛数件撤拍，待明年六月底大拍，再视情势定上下。想余当时表情，呆比木鸡，方符所喻。

铩羽而返，终日怏怏而食不甘味。夫指点迷津事，真买家无故不肯为也。定是那起闲杂嘴舌人等，卖弄博学，以致于此。恨恨，亦无可恨，复归晏然。

丙戌年六月二十一日大拍，墨床再次露面，列3158号拍品，配有大幅图录彩照。解说亦距真相小进一步，称"文房用具，镶明代玉带板于紫檀座上"云云。而突飞猛进者，标价也，业已十倍于前价矣。余悲情举牌，遭遇数路狙击，搏数十番始落槌，正所谓哀兵必胜也。贵，亦无悔，强如空手归。须知"只要东西对，不怕价钱贵"，乃今日古玩界共奉箴言也。

墨床之全称，当作"明紫檀嵌银丝镶玉铊尾墨床"。

唐宋元明之朝服带具，称大带，革制，依品级缀玉、金、犀、银、牙、玳、檀等方形銙板为饰，铊尾乃大带尾端缀板，又名挞尾，其形长方，一端弧圆，形类今日之皮带尾。考《新唐书·车服志》："腰带者，摺垂头于下，名曰铊尾，取顺下之义。"又据宋王得臣《麈史·礼仪》："古以韦为带，反插垂头，至秦乃名腰带，唐高祖令下插垂头，今谓挞尾是也。"明之大带与前朝有别，分胸前、腰后两条，如括弧"( )"，系扣围身，胸前一条则有铊尾两端，束时垂见于胯后。

墨床所镶玉铊尾，矫夭游龙，衔灵芝，张舞云天，四角分雕喜鹊一、双磬一、牡丹二朵，寓喜庆富贵，满衬如意云纹网花，正德嘉靖间物也（图114）。明制：玉带唯帝后、太

图114　明　墨床　紫檀　玉　长22厘米

子、亲王、郡王用之。此龙凤轮四爪，与江西南城县明代益庄王朱祐槟墓出土玉带同，可资参证。

常理，得玉铊尾在先，之后镶制墨床。昔人度材审题，取如意云纹，拓展变形，成几托式床身，复繁衍龙纹，化出蟠螭对嬉，为苍龙教子图。至此，兀自不肯罢休，进求尽善。床身之料，取上佳金星紫檀心尖之肉，为与玉铊尾之喜庆富贵相呼应，以乌银丝嵌"卐福不到头"于檀面，密编印网、华灿斐然。全器之构意，精严宏整，似谱交响乐章，虽钧天辉煌，而一音一拍，莫不自小小动机蕃生而来（图115）。

檀雕蟠螭，宽吻撅唇，大眼无辜，状貌奇古（图116）（图117）。晚明时有僧人石叟，所铸嵌银丝铜炉、文具之蟠螭，视之如出一辙。据之断代，不逾其时。

原非高深难测物。汉利等何以踟蹰再三，终不能尽领名堂？古造巨墨，如明代程、方两家墨或清宫御制朱墨，承以长床，如台北故宫博物院所藏象牙墨床，属宜般配。然传藏无几，民间犹难一见。今坊市间寻常古墨，多为中条细锭；墨床，即镶玉带板者，仍以镶铐，即方形玉带板者居多，故均小巧。此器镶大带玉铊尾，已属稀绝，而平阔恢宏，长达二十二厘米，宽至六厘米，遗世之墨与墨床，罕俦其匹，倘闻识圃不及此，焉能联贯蛙蚪、类推猫虎。

通长22厘米　宽6厘米　高3.4厘米

海外拾珍记

图115　墨床

图116　墨床（局部）　　　　图117　墨床（局部）

明白玉三星图墨床

墨床做几榻式,云纹内卷当足,床面平而四框,仿攒边装板,小器大样者也(图118)。

方寸之地,镂刻吉祥祈福纹饰:福星、禄星、寿星,乘舒云而旋冉升腾,如意童子、翔鹤仙桃、洞石松竹,动舞蹈而翩跹扈随,构图密不露地、繁而不紊,比较嘉万间漆瓷纹饰,何其相似乃尔。禄星执笏,戴双翅乌纱,寿星拢袍盘坐,脑后现出一轮灵光,全是嘉、万作风(图119)。

福禄寿之名,当源于《周书》禹王洪范五福之说而简化之。

长9.5厘米　宽3.2厘米　高1.3厘米

图118　明　三星图墨床　白玉　长9.5厘米

图119　三星图墨床(玉面)

清初端石雏凤声清砚

一日，霏雨蒙蒙。旧金山某故家子上门持售，购之。

石色铁青泛绿，金碧一线缠绕上端，侧面呈青花苔斑，凭此三品，知是端溪水岩老坑石。

砚作门形，就金碧线俏雕幽篁长枝，自湖石间越水探挑，斜杈垂叶围随。老凤一，凤冠宛转，凤眼修丽，羽锦闪动，正偃卧竹枝上，梳理闲姿。竹阴映漪涟，水低石出，雏凤茁欢，跱立石巅，仰颈鸣天（图120）（图121）。

图取李义山"雏凤清于老凤声"诗意。明清读书人家，逢弄璋之喜，亲朋或颂此为贺（图122）。是此砚为礼砚也。

配紫檀天盖。

长22.3厘米　宽14.8厘米

图120　清　雏凤声清砚　端石　长22.3厘米　　　图121　雏凤声清砚（背面）

图122　雏凤声清砚（局部）

乾隆御铭宫制风字砚

砚式温厚凝重、圆浑内蓄。端石，石质致密凉润，宛若处子肌肤。

砚侧镌楷：仿宋天成风字砚。楷书铭文：大块噫气，其名曰风。天成取象，制此陶泓。绨几批诺，纶綍成君，子之德惕，予衷敢曰，万方无不从。乾隆御铭。下列"含辉""会心不远""德充符"三章（图123）（图124）（图125）。

陶泓，砚之托名。见韩愈《昌黎集·毛颖传》。

绨几，旧传汉刘歆《西京杂记》："汉制，天子玉几，冬则加绨锦其上，谓之绨几。"

纶綍，《礼记·缁衣》："王言如丝，其出如纶；王言如纶，其出如綍。"后以纶綍称诏令。

石含胭脂晕斑，御铭如浮写天上彩缕云霞中。泓字减末笔，以避乾隆帝讳。故砚承御铭而未必为御用，多作赏赐臣下物也。

著录见《西清砚谱》。谱中图式，描摹而非墨拓，盖存其概略，意在防伪。

内府砚工奏刀之技，须亲睹实物，岂俗目凡眼能猜度之。剡刻之轻重深浅，全随运笔之顿挫勾挑而行，即笔画压叠先后，亦再现入微。最奇处，刀口内极尽光洁，无痕缕之不妥。十余年前，曾得同式一方。真佳石好工，喜得连连自念《石头记》四十九回中袭人姑娘诧异语："这也奇了，还从哪里再好的去呢！"特宝之为真品。待此砚出，华彩射天外之天，为之瞠目结舌，前砚顿显神猥而形餒。

长11.6厘米　宽11厘米

图123　清　风字砚（御铭）　端石　长11.6厘米　　图124　风字砚（正面）

图125　风字砚（砚名）

清初黄杨雕会昌九老图大画筒

"洛都四郊，山水之胜，龙门首焉。龙门十寺，观游之胜，香山首焉。"此白居易《修香山寺记》中评点东都周边景色语。

居易晚年购洛阳履道坊杨侍郎旧宅，疏沼种树，凿八节滩，构石楼于龙门东山之香山①，流连山中，以诗酒宴赋、颂佛辑书自娱，凡十有八载，自命醉吟先生，又号香山居士。唐会昌五年，与都中高寿者胡杲、吉旼、刘真、郑据、卢贞、张浑、李元爽（一说狄兼谟）、僧如满等八耆结社②，邀吟游赏于香山泉林间，后世称会昌九老或香山九老，与羲之诸贤兰亭修禊、东坡少游等西园雅集鼎足而三，遗文苑之千古美谈。

通景展开，漫入盛夏山中。松柏峥嵘，浓阴蔽空，叠嶂夹岸，伊水淙淙。俯临幽谷涧树，远眺瀑川遥落。近有雕栏一道，沿河势回转，一路葛花馥郁，碧筠颓遮。巨块青石当桌，上置果品酒馔，茶炉滚沸。一老者坐矮石上，骨相清奇，鼻高目深，执卷诵读，琅琅有声。识其人，乃乐天白居易。九老群中，独居易以诗文名擅天下，据之一也。逢作诗，喜读与人听，老妪尚得聆幸，况同侪社友乎？据之二也。对座老者，袍薄扇垂，舒沉安闲，抬眼凝望，入神有所思。稍远坐一翁，怀揽龙头杖，侧首这边，似已趣问在唇。另有两叟旁站，一托杯含笑，一会心抒髯，一童子抱琴侍立。诸老身后，苔潮林深处，时有翠竹丛拔，修高弯堕，叶簇纷披扑簌（图126）（图127）。

踏过水湍石洞，梧桐婆娑生凉。松竹翳翳覆石枰，下坐对弈二老，手谈方酣。左老执子持盅，决然回身，瞬息间投着将下。中立观棋老，屯手蕉扇，早识破玄机，笑漾迷离，欲语而未语间。右老情急，悄以手止，目光如炬，炯炯只待落子入壳（图128）（图129）（图130）。

小径通峭壁危崖。一冠冠老者，定是老衲如满，离群独步，长袖拂身，举手扶断桩，仰面向天，眉眼陶然有销魂意，似吸纳新爽山气，嗅寻缕缕竹风花香，谛听鸟鸣山静。极目林隙外，西山在望，岚气烟绰，峰峦森秀。伊河宽浪汩汩，穿林泄壑而过（图131）（图132）。

画筒，盛储画轴、手卷之用。因其容海，观明清画中所绘，抓笔、羽扇、如意之类亦杂插其内。

黄杨素少大料，民间有"千年矮"之名，圆径至长亦不过一拃，此乃天限。若制筒粗肉硕、体形雄伟之器，唯以数料拼接，虽繁工费时，亦别无他途。其拼接粘合（或疑两料间连有暗榫），浑然一体，天衣无缝，至今肉眼难辨，技属一绝。

是派雕师高杰，最令人心折。镌镂剔凿，深入木肌，层层邃挖，可数者达十数层次，而意境悠远以至无穷。山水人物树石，交织宏响，栩栩高凸，几成纵身欲出之圆雕。又备察些微。寄到之日，以软刷轻掸尘垢。见居易口腔洞深，似有底气自丹田出。无论童叟，双眼内均有小若针尖之瞳珠一粒，须发五官，必奕奕生神。它若松鳞鬣针、琅玕节梢，必曲尽姿态（图133）（图134）。岩罅屿崚，则藓萃石茵、阴滋欣荣。夫成一器若此，岂止万刀千刀，而竟奇绝无一俗刀，非胸有大丘壑而可盈缩山川者，断不能办此。吾友苏炜尝观图狂呼：何等大块文章！

遍览当今世界公私所藏黄杨木雕，论材，论工，雄把首席，不为过誉也。

竞得于英国伦敦伯翰。夜半，电话铃声骤响，正是英伦白昼时刻。披衣起坐，饮冰水激

文房清用

图126
清 会昌九老图画筒
黄杨木 高34.5厘米

图127
会昌九老图画筒（局部）

图128　会昌九老图画筒（右面）

图129　会昌九老图画筒（局部）

图130　会昌九老图画筒（背面）　　　图131　会昌九老图画筒（左面）

图132　画筒（局部）　　图133　画筒（局部）　　图134　画筒（局部）

醒心脑，与大洋彼端鏖战二十余回合，终为我所获，为之狂喜无状。

高34.5厘米　径28.8厘米

注释

①见《新唐书·白居易传》

②白居易《九老诗序》：会昌五年三月二十四日，胡、吉、刘、郑、卢、张等六贤皆多寿，余亦次焉。于东都履道坊敝居合齿之会。七老相顾，既醉且欢，静而思之，此会希有，因各赋七言诗一章以记之，或传之好事者。其年夏，又有二老，年貌绝伦，同归故乡，亦来斯会，续命书姓名年齿，写其形貌附于图右。仍以一绝赠之云：雪作须眉云作衣，辽东华表暮庆归，一鹤犹稀有何幸，今逢两令感当时。

漆器

明宣德黑漆描金龙纹大捧盒

平圆顶、直立墙、高圈足，之间接以弧弯，器型雄浑敦重。

髹用退光、出光法，漆色乌玄幽古、润澈透紫，合黑髹"若古器以透明紫色为美，退光欲敦朴古色"①之论。断纹斑驳，有龟背、冰纹、牛毛、手皴诸相，变幻穷奇，非五百年物不能致此（图135）（图136）。

"大明宣德年制"款，书于两处：一在盒盖内平圆边缘，一在盒底近足圈处。蘸金汁书写，笔道微隆坟起；楷法精湛，视之脑目清凉。古瓷家孙瀛洲先生有辨宣德款识歌诀，内中两句云："宣德年款遍器身，晋唐小楷最出群。"漆、瓷两异，然一朝风习熏染，则如春雨遍洒而均沾之（图137）（图138）。

捧盒盖上及圈足内，依稀描金龙纹残痕。有明一代之龙纹，以永、宣所绘最为狰狞。历今剥蚀殆尽，只能想象其吞喝云涛、游追火珠之威矣。

直径33厘米　通高17厘米

注释
①见明黄成《髹饰录》"质色·黑髹"一节之杨明注语

图135　明　龙纹捧盒　漆　直径33厘米

漆器

图136 龙纹捧盒

图137 盖内"大明宣德年制"款

图138 圈足内"大明宣德年制"款

木器

忽惊天物现人间

纽约亚洲艺术周行近尾声,余飞返旧金山。途冲气流,机身浮动颠簸,急以手触脚边行囊,知所携物品无恙,乃安。蒙眬欲睡间,念及此行,前缘后果,犹觉一梦中。

两月前,旧金山举行太平洋亚洲艺术展销会。三日间数次往观,珍奇纷呈、眼花瞭乱,然未遇钟情之物。

某日整理参展商广告及展销目录,一幅云石插屏图片,蓦然跃入眼帘。打量其通身气派,夹抱站牙之鼓墩圆轮,壸门券口之披水牙子,透挖鱼门洞之绦环板及木质色泽,纯是明黄花梨器(图139)。唯披身满嵌螺钿,似稍染清风。经反复审视其镶嵌图案,正面蟠螭戏芝,侧面饕餮纹,两圆轮分嵌凤戏螭与龙戏螭。嵌料有黄、褐、红及墨绿数种,不辨其属。黄为主料,应是螺钿类,却不见红绿光泽。蟠螭欢悦、两两相向,直以自由泳姿挥臂畅游,

图139 明 点苍山石插屏 黄花梨 高53厘米

奔逐灵芝，相颇奇特，仿佛何处见过，一时难踪其穴。螭之目睛，俏丽如猫狸，双趾出钩尖，颇似明《十竹斋笺谱·文佩》及明程君房五螭墨图案（图140）。笼统观之，初归明嵌。

自图片下信息得知，展商来自比利时布鲁塞尔，专营中国及南亚古董。彼名此插屏曰"梦之石"，定为18世纪清代物，黄花梨制座架，糅杂少量花梨木。余度其必谬。是屏气韵匀畅，各部位手法通贯，不似后经修配者。明代之花梨，即是今称之黄花梨，并无另种。清中期以降，新花梨始出，赤浊黄淡、纹理糙疏。试问既不曾修配，焉能明用清材？夫观木器法，营营拘泥于片板块料之木纹棕眼，嗅气味、较颜色，皆不得要领。观器之神，知材之属，如此而已。更可论者，明至清初家具，背侧底板、屉板、穿带或用他料；再者，面芯与雕板，为得色调对比之美，或用他料。此插屏并无上述部件，平白无端而令诸料杂处之器，余未曾见过。想此等有悖规矩、遭贬同行之事，古匠师断不肯为也。非不能为，不齿为也。

图140　明　程君房"五螭墨"正反面螭纹

展销会闭幕已月旬，仍致电寻查插屏下落，不过有为聊胜无为耳。不期数日后，竟得佩奥拉女士自比利时回信：插屏之年代及质料，均经博览会文物专家委员会审定，现仍待售，正运往纽约途中，以参加月底之国际亚洲艺术博览会。余即定机票旅馆，约之会面纽约。

开幕日，径入往寻佩奥拉展台。相距数十步，遥见插屏静立长案上。扑前，俯仰观察。果如所料，大明黄花梨点苍云石小座插屏一具也。王世襄先生尝论明代家具之美曰："简已简至无可简，繁偏繁到不能繁。"插屏乃其繁者。所嵌龙凤蟠螭，活灵活现（图141）。小螭犹淘憨可喜，两角初出，爪翼未丰，稚气未脱，双睛圆睁若熠熠有光芒。龙父绕其婉尾于爪趾间，嬉游于天。彼亦唇瓣微抿、张臂弓背，努力摹习父姿（图142）。插屏之背面，亦嵌云纹八宝生辉（图143）。整体保存甚佳，仅嵌片脱落一二，端是使人倾家荡产亦在所不惜之物也。及议价，佩奥拉报价登天，余还价入地，最终握手言欢于人间。

明代插座式屏风传世甚少。以北京故宫博物院藏品之富，当年王世襄先生走遍庭院馆库，仅访得大者一具①。今见诸著录及余曾过目者，摆置地上之大者，仅存两具；陈设案头之小者，不过三四。曾就此屏之来历，信询佩奥拉。回称购自布鲁塞尔，售家并非比国皇族贵戚，然其曾祖辈中有工程师，尝于清末往中国助修铁路，或由此带回云云。闻言后怕。设若滞留中国，经此天灾人祸频仍之百年，凶多吉少，可想而知。纵使历劫不死，观今日国内之文物狂潮，但有精绝玩好出，无异一裔抛掷万虎中，岂余之力可得乎哉。又，此屏露相于国际展销会上，等于公诸光天化日之下。轮转周遭，和璧楚廷之泣，竟终得识于余。自此每

海外拾珍记

图141 点苍山石插屏（侧面）

图142 点苍山石插屏（局部）

图143 点苍山石插屏（背面）

82

出而赏谛，莫不感戴苍冥。

加州中国古典家具博物馆曾藏黄花梨雕龙纹官皮箱一具（图144），王世襄先生撰文介绍，称其"底座上双螭尤圆熟可爱"②。此处即当时恍惚谋面者，其双螭与插屏正面所嵌螭纹，几神出一手（图145）。王先生取北京故宫博物院所藏"大明万历乙未年制"款剔红双龙纹方盘，与该官皮箱之龙纹比照，因定之为万历时物。如此，据其螭纹而顺势定插屏亦为万历时物，较博览会专家断代提前二百年，当无大误。再检万历官窑青花瓷上发鬃前冲之龙纹，愈信所据不虚。

插屏之石乃云南大理点苍山石，古来闻名。明季大事开采，制成屏画文具，犹适文人雅意。明杨慎《升庵集》中嘉靖三年《题梁生霄正苍山奇石屏歌》有句曰："犹如黄鹤楼前晴川芳草景

图144　明万历黄花梨官皮箱上螭纹

历历，又若滕王阁上长天秋水烟蒙蒙。"徐霞客游滇，见大理崇圣寺石屏，亦叹其"危峰断壑，飞瀑随云，云崖映水，层叠远近，笔笔灵异，云皆能活，水若有声，不特五色灿然而已。故知造物之愈出愈奇，从此丹青一家皆俗笔，而画苑可废矣"。

移赠升、霞佳句予插屏石图，不亦贴切乎！

点苍山石，苍翠泛绿者称春花，黄赭烟褐者称秋花。插屏之石，应品列秋花。其石貌也沧桑，磨工也古拙，边缘经手泽沁润，已如脂似蜡、酥光熟透，非数百年物不能致。插屏之左右立柱内侧，开槽沟以纳石板，曲背吻合，旧痕陈垢亦随形相符，是原石原座、量体剔凿者也。

凡所嵌料，大抵饕餮眼用犀角，口唇用珊瑚，灵芝用沉香，八宝用染虬，龙凤螭云用螺钿类。然绝不类寻常广式家具所嵌螺钿，壳薄且蝇翅虹彩流溢。其料，色莹黄，质肥腴，就剥落处看嵌片，达两枚铜钿之厚度。翻移侧视斜睨，方隐见深处微映绿蓝橙光，当为硬嵌砗磲。

砗磲，古时七宝之一。《妙法华莲经·普门品》说：为求金银、琉璃、车渠（砗磲）、玛瑙、珊瑚、琥珀、真珠（珍珠）诸宝入于大海。元代熊忠《古今韵会举要》谓砗磲名始于东汉，以其背上垄纹如车轮所碾渠沟之故。现代生物科学则释为世界最大之双壳瓣鳃类软体

图145　点苍山石插屏（局部）

动物，生于南洋热带海中，巨者径逾两米，重达千斤，命长可臻米茶之寿。以螺钿嵌物，其法甚古。西周见用，唐代渐兴，经宋元至明清，工艺愈精而百艺器具无所不嵌。砗磲是否随之同兴并行，及何时始施及家具之上，囿于学识，不敢篡创。可确信者，至晚在明代已用于家具装饰。王世襄先生《明式家具研究》中即有"明及清前期嵌螺钿有壳色白中泛黄者，人称'砗磲嵌'，更为名贵"之论。唯明代家具传世既少，插屏更少，镶嵌者更是闻所未闻，矧言砗磲嵌者，插屏或为唯一存世孤例。

明万历刊本《鲁班经匠家镜》家具部第一条，即为屏风式。原文有句曰："雕日月掩象鼻格奖腿"。十余年前读此，雾水茫然。王世襄先生《鲁班经匠家镜家具条款初释》以"掩"为"捲"之误，"奖"为"浆"之误，因释为"浆腿上有圆形和捲转的花纹雕饰"。得插屏后，比对再读，始悟该句原文，"奖"当为"浆"，而"掩"字，实无误。

浆腿，即船浆形站牙。侧看其状，确如象首长鼻。日月，应指底座两边一前一后夹掩象鼻格浆腿之圆轮——又称鼓墩，而非浆腿上之圆形雕饰。是法甚古，肇纪难考。据宋人摹五代顾闳中《韩熙载夜宴图》所绘屏风，至迟于五代时已见用。观所获插屏，圆轮之上，一嵌龙戏幼螭，一嵌凤戏婴螭，龙为雄为阳，凤为雌为阴，日为阳，月为阴，其意甚明。吾友史致广所藏明铁梨木小座插屏，其左侧前轮上有牙嵌兔形一枚，当时不甚了了，今可试解之：兔之轮为月，另轮（或嵌乌形，俟考）为日，古称日月为金乌玉兔，恰与之合。余屏与史屏之圆轮下之托，虽未雕刻云纹，然其状翻曲做云形。北京故宫博物院藏黄花梨大插屏一具及王世襄先生旧藏黄花梨小插屏一具，其圆轮下则均承以卷云纹，前者为浮雕，后者为阴刻，直示日月祥云之意，可佐旁证（图146）。故《鲁班经·屏风式》原文应释之为："雕出日轮

图146 故宫藏明黄花梨屏风之日月祥云底座　　**图147** 插屏上木制关门钉

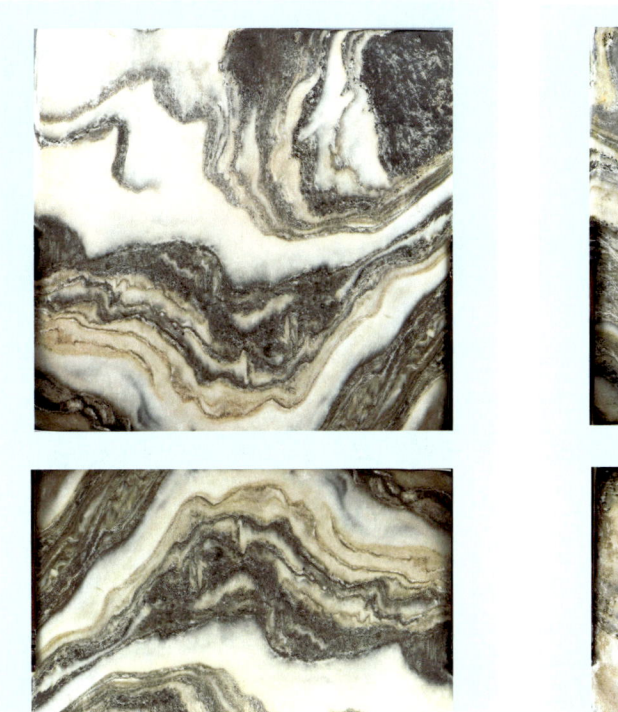

图148　点苍山石插屏（雾峦、雨峰） 　　　　图149　点苍山石插屏（云岭、雪壑）

与月轮，掩夹象鼻式浆腿形站牙。"或有不妥，想先生当不以晚辈后学为忤。

插屏之正面两横梁与立柱接榫处，销竹制关门钉四枚（图147）。此法明代匠师偶尔施行，施则必存良苦用心，断非蛇足之笔。屏石厚重，全仗横梁与立柱承托钳辖，而立柱外侧须挖槽嵌镶，故横梁不能露榫于立柱外并钉破头楔以涨严之，唯销钉于接榫处，方能使之牵握牢固。小小四枚竹钉，不独证石屏乃原装原配、是老北京匠师所谓"原来头"者，诚赖之固体强肢，令底座承重数百年之久，犹坚稳如初，至今无须打开修换。叹古人治器，常思工料俱精、足宜传诸百代；看今日造货，但求多快而省，差可对付几年。

谛观既久，兀生好事者心。屏座背后嵌八宝生辉图案，不妨当作另一"看面"。试之，石屏颠倒上下，翻转反正，均可滑插入槽。如此，每一插摆，得上下两式，每一式又得正反两图；原仅一屏，遂衍成四品。姑不避巧立名目之嫌，题为四品：曰雾峦，曰雨峰，曰云岭，曰雪壑（图148）（图149）。轮值当令，一季一换。

通高53厘米　宽45厘米　侧宽23厘米

注释
① 参见王世襄《美国加州中国古典家具博物馆》第10节
② 参见同文第11节

明黄花梨炕桌

　　面芯两拼，纹理烟云浓淡、雾岚弥漫，下托铁梨木穿带。冰盘沿，束腰，大边与抹头起拦水线，藉防汤水流污（图150）。

　　四面牙条做壶门券口，沿边际起肥满灯草线，分心处卷草纹交搭，铲地起龙纹，剜刻有力，走刀爽利。雕长幼蟠螭各两对。长之容，豪悍凶猛（图151），幼之相，顽皮天真（图152），寓苍龙教子之意。

　　腿足三弯，足端外拱再内卷成云头。观龙腰眼处浮雕秋叶状云纹及尾端衍出卷叶云纹，成器年代，当在晚明。

　　抚之竟体温润，莹熟如蜡。置诸罗汉床上，倚之品茗读书，颇惬人意。

　　得之于伯翰·伯德富。

　　长84.5厘米　宽52.7厘米　高27.3厘米

图150　明　炕桌　黄花梨　长84.5厘米

图151　炕桌正面牙条蟠螭

图152　炕桌侧面牙条幼蟠螭

元末明初螺钿嵌漆木小桌

造型敦古典秀，嵌象文图，似出灿灿童心，率真稚拙，不类明中期后意趣。团云、郯水嵌法，更与元大都遗址出土之嵌螺钿广寒宫黑漆残盘同旨。

尺寸样式，介乎桌、几、案之间。称酒桌稍嫌矮小，称香几略显宽大，又与"举案齐眉"之食案类似，莫衷一是，因几案泛称桌，姑称小桌。

冰盘沿，四边起拦水线；高束腰，边框与托腮之间立短柱，柱间打槽装绦环板，板上透挖鱼门洞，晋唐须弥壸门台座流风遗韵，依稀尚存；彭牙式齐牙条，下承三弯外翻卷珠足，足下一木连作饼形足垫。

楠木胎，髹栗壳色漆，嵌螺钿图案。图案华陈璀璨，密无隙地，初令眼花缭乱，静观乃见章法井然，所谓锦地开光法是也。

四边长、短彭牙条均嵌钱纹作锦地，再嵌海棠开光，内嵌游园图景，从四面烘托主图（图153）。主图即面芯嵌图，菱花锦地，正中大海棠开光，嵌风俗游艺场景：日上中天，云气绕卷。波光潋潋，时见霞屿，鸳鸯亲喁逐嬉。两士人背坐湖边水楼栏边，面向内，帷幕开敛，可闻观剧作乐声。更隔水相对，好一所在，华轩高敞，园中茂松，出墙俯临流水。厅堂之上，肩琴跪坐者琴生，袖手盘踞、淡然默对者，琴师也。另一琴生，受业毕，挟琴自门而出。再一琴生，穿过路上行人，正携琴步向师庭（图154）。最可宝贵处，此琴生乃一盲瞽，其手牵引路之犬，即今日所谓导盲犬也（图155）。导盲犬史料，于西方存世最古者，文字有德意志古代传说，图像有意大利赫古兰姆修道院壁画；于吾中国，则图、文两缺。此桌出世，吾国见诸图载之导盲犬驯豢史，骤提至14世纪。

明式螺钿嵌家具，畅安王世襄先生名著《明式家具研究》论曰："以蚌类壳片作嵌件的器物曰'嵌螺钿'，有厚、薄两种。漆木家具常用薄螺钿，硬木家具用厚螺钿。唯传世实物绝大多数为清代或更晚的制品。"

从此留意寻访，终得此元明古器。

长57厘米　宽35厘米　高18.3厘米

图153　元末明初　螺钿嵌漆木小桌　楠木　长57厘米

图154　螺钿嵌漆木小桌（面芯图案）

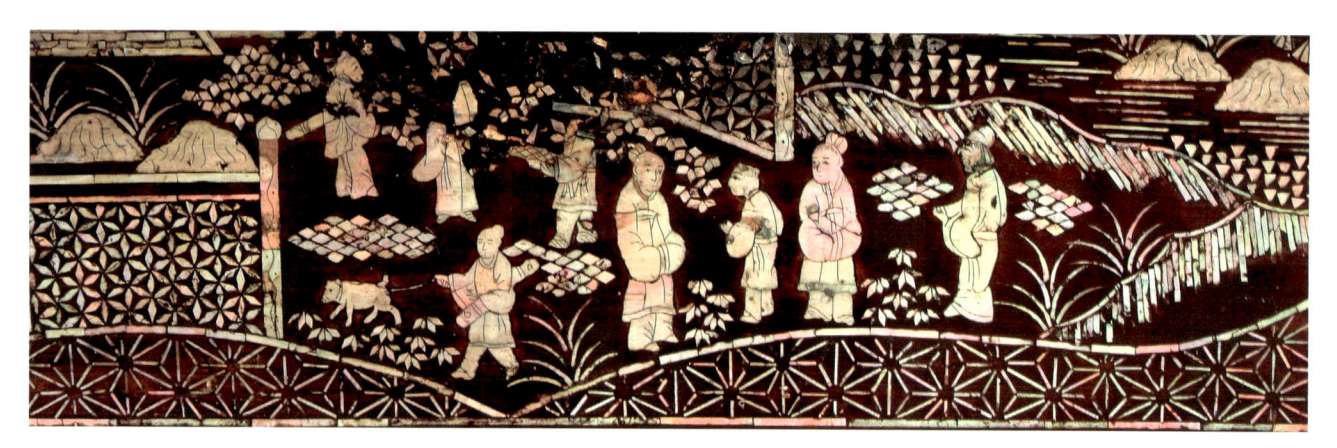

图155　螺钿嵌漆木小桌（盲琴生与导盲犬）

清乾隆宫制紫檀炕几

美国巨富遗孀卡利斯，雅好艺术，广有收藏，犹酷爱中国文物，20世纪初，数次造访中国。辞世多年之后，其旧金山豪宅遗产经伯翰·伯德富陆续拍出。惊爆国际古玩界、创中国古瓷天价之明洪武釉里红大盘，即充任其家摆果切蟹之盘近百年。翌年春天，又有零星家具上拍，已属余波尾声，不入流之物，估价不高。

余去预展，见杂什充斥，无一物可取。前厅一隅，陈列卡氏旧用家具一组，共两件。图录称之为"红木床及杂木脚踏"（图156）。床为架子床，用料整洁，工艺考究。花罩挂檐正面，满雕郭子仪祝寿、五子登科、连升三级吉祥图案。藤皮细丝软屉，四具抽屉镶大蝴蝶錾花白铜活。惜晚清制品，年代欠老。脚踏，卧伏床下阴暗处，不曾留意。

拍卖当天，本不欲往。复忖清闲半日，盍往会会同行，一聊近闻？既至，于前厅与美籍华裔新加坡人俊德相值。且行且议，逛至架子床前，俊德以手推撼，称正好午休小憩。余试坐藤屉上，无意中触碰床下脚踏，遂拉出一看。先是一怔，拭目再看：紫檀器一具，赫然横陈面前（图157）。

图156　红木床及杂木脚踏

其高度，几与床持平，是炕几而非脚踏。几侧之板足，透雕罗可可风格西番莲团花纹，大如兽面（图158）。角牙四只，延伸题旨，透雕西番莲幼花嫩梗（图159）。满目花绚锦簇，叶繁枝绕，华贵典雅。刀法纯青，挖飒爽无滞迹，不啻施刀于紫膏冻脂上。

俊德凑近云：雕花与圆明园残雕相仿佛。余窃窃自语：何必圆明水法，莫如直言清宫造办。周围来往众人，正喧杂纷攘，俊德亦旁视他顾，似未洞悉奥秘。床大且笨重，与现代生活枘凿难容，愿问津者能有几人！此时拍战打响，余徐出，至前台办号牌，决意席卷床与几。祷天自祝，暗喜此役之胜券已稳操掌中矣。

报价声起，余镇定自若，率先举牌。许久，前排始有人竞价。乃一黑人，白发，瘦高而驼，羞涩温和，衣衫零落若喋喋寒士。初颇不以为意，讵料几经回合，彼顽强抗争，竟有愈战愈勇之势，如水面之葫芦瓢，记记加力击打，下沉片刻，旋即上浮如故。交睫转瞬，价已逼近三万，全场为之瞠目屏息。余心中亦深为纳罕："这黑哥们儿早上吃什么了！"美国之影视圈、体育界、生意场，处处可见黑人兄弟健俊踢腾之身姿，然若论国际间大大小小之亚洲、且中国、而又古董拍卖会上，则从未见彼辈露面。彼于其同胞中，必属一异类无疑。莫非卖家派遣之托手？然谅其烜赫华族，何至行此中国式宵小把戏。若派，亦断不至派来如此一位。然清平世界，朗朗乾坤，岂有不容他人竞买之理！是恚亦奈何。拍卖师频频向余含笑轻问。挣扎再举，彼亦再举。俊德等于一旁连呼"太贵"，只得悻悻作罢，目送彼起身，夹牌，微笑，款款步出。俄而，余亦卷旗曳戈，垂首颓沓随其后。心绪难平，于前厅徘徊不忍即去。

海外拾珍记

图157 清 炕几 紫檀 长85厘米

图158 炕几（缠枝西番莲团花纹）

图159　炕几（角牙）

　　趁彼于付款窗口排队，余趋前诘究底里，语甚哀怨。彼称日前道经此处，腹急，入内，欲假洗手间一用。不意得遇大床，方知人世间居然有此曼妙物，爱不能释，简直"没它不能活"，遂有今日之举。闻其言，忽触碰灵窍：爱床既已如愿，脚踏或肯另售？彼拎起略端详，置之地，问价若何。此藏家最棘手之事。价菲，嗤之不卖；价昂，又难免狐疑蛇惊。余战栗掂掇，持平出价。彼竟欣然颔首。签写支票间，俊德引港台众君蜂拥而至，绕床掀几，议论汹汹。余恐人多口杂、节外生枝，急付讫，挈几快步离去。驾车已过海湾大桥，尚觉心兔怦怦。

　　归来品度其质。沉穆静蕴，尊贵雍容，法度谨严，料美工绝。大边与腿足交圈处，并不图省料而贴加牙嘴，乃一木锼出倭角相衔；面芯下两条穿带，亦用整洁紫檀料，真乾隆宫制彻紫檀器也。

　　分明行中语称"开门见山"之奇珍，偏偏打入杂木行次，一大奇怪也。炕几大边之一，采料近边材，紫褐中腾卷金黄褐斑纹，侧面微呈黄杨意。人或由是心目惑乱，也未可知。

　　常人看紫檀，顾名思义，但求一紫。甚者乃至刮粉末浸酒中，以察其色变。殊不知新老红木、花梨酸枝之属，深者亦肝紫，入酒皆浓艳。古之紫檀，匪独一品。凝紫黝黑者，暗褐如铁者，隐现金斑黑纹者，微泛褐绿黄者，均有之。若经年日晒水浸霉蚀，常蒙蒙灰白。且心材、边材大异，纵剖、横截、斜片、圆抛，纹理色泽多有不同。紫檀贵重难求，不比常材。匠师惜料如金，贴足补角、细料接拼尚在所难免，稍连膘皮之料，亦得用则用，尝于朱家溍先生家，见其座下乾隆紫檀大椅，即有灰绿膘皮一块伏赭紫中，何况近边材而色稍淡之料，孰可求全挑剔。

　　紫檀品色诸多，唯一端乃一以贯之，为他木所无，即明清木器专家、吾友田家青所论紫檀独有之"高贵气质"。观此檀几，心是其言。

　　嗣后再见俊德，彼几番提起，犹耿耿不能去怀。

　　又记，近将檀几图片传寄家青，即蒙见告：乾隆间，清宫圆明园造办处精制紫檀器，凡西洋纹饰，俱由郎世宁出纹样，画家冷枚等督艺。园焚，流散世界各地。今经家青过目并审定确为圆明园紫檀遗珍者，尚不满地支之数。檀几其一也。

　　长85厘米　宽31.5厘米　高29.5厘米

诸艺

明黄花梨百宝嵌夔龙献寿对盘

购自德国纳高。

图录所示影像，仅邮票大小。不明年代，不识质料，但云"硬木盘一对，中国"。当即寄表参拍。友朋恐余孟浪，谓"手摸眼看，还有打眼的时候，甭说隔山买老牛了。"余付之一笑，盖心知其真，明代嘉万间物也，非黄即紫。鄙眼力何足矜夸，但知凡真佳之器，虽韬光晦影、芳容消损、蜗身图片中，仍兀自有那一种风韵神采烨烨散射。比之绝代美妇人，酷类周介存论飞卿端己后主词之旨：浓妆佳，淡妆亦佳，粗服乱头，不掩国色。

寄到之日，忐忑启盒视之，大喜，验是余言。巧合者，竟又是砗磲镶嵌。嵌料共数种之多，可称百宝嵌。清钱泳《履园丛话》述其法尤详："以金、银、宝石、真（珍）珠、珊瑚、碧玉、翡翠、水晶、玛瑙、玳瑁、车渠（砗磲）、青金、绿松、螺钿、象牙、蜜蜡、沉香为之，雕成山水、人物、楼台、花卉、翎毛，嵌于檀、梨、漆器之上。大而屏、桌、椅、窗、书架，小则笔床、茶具、砚匣、书箱，五色陆离，难以形容，真古来未有之奇玩也。"

对盘黄花梨制，料取心材，乌红浓紫（图160）。器形撇口折腰，浅平卧圈足，尚存成化器遗韵（图161）。盘心以砗磲嵌寿字，纯是明人书风，环以夔舞芝繁，是夔龙芝寿图也。雄夔健硕，以砗磲黄白类云母者嵌夔首，橙黄类玳瑁者嵌身尾。雌夔窈窕，料色恰与雄夔反映成趣，夔首澄黄，身尾则黄白。再以孔雀绿石与红珊瑚嵌缠枝灵芝，缭绕双夔爪尾间，衬之以幽莹木色，益觉古艳雅丽。

富贵奢华如此，兼之径小而浅，岂容日常烹菜饪肴汤汁沥漉之属。是特为祝寿祭祀礼宾贺庆诸事而备，摆设干鲜素净果品于盘上，点缀仪式而已。尝见明代瓷器所绘饮宴图，宾主正冠端坐，一人一桌，上列小盘纵横成阵，达十几二十件。想对盘当初亦不仅一对，必是成套定制。

明季百宝镶嵌名师，唯周翥一人传名今日。诸录载其名，周柱、周治、周制不一。以理判之，果真曾目见其名，讵能有误？所以误，当在耳闻其名之音而未见其名之写也。"翥"乃冷僻字，闻读"翥"之音，或误作柱、治、制一类常字。若闻读柱、治、制之音，则绝难误篡为"翥"字也。由是定周氏真名。翥，嘉万时苏州人。明张岱《陶庵梦忆》记吴中绝技，将周之治嵌与子冈治玉、天成治犀、碧山治金银等并论，谓"俱可上下百年保无敌手"。对盘宗周之风而非周之手制，自可推知，然于陶庵之论，则当之了无愧色。

直径12.5厘米

图160　明　百宝嵌夔龙献寿对盘　黄花梨　径12.5厘米

图161　百宝嵌夔龙献寿对盘（背面）

清紫檀百宝嵌富贵白头花鸟对盒

紫檀六瓣委角圆盒，成对，瓜棱式，子母口。落堂踩鼓法分出章格，似开光而凸起，以螺钿、珊瑚、染牙、黄杨、孔雀绿、青白玉及各色寿山冻石，依物象色彩，经雕磨线刻后嵌镶文图。

盒顶嵌盛开牡丹，白头绶带，攀枝衔啄（图162）。地盒身十二章格，分嵌梅、桃、杏、桂、菊、玉兰、石榴、佛手、茶蘼、海棠、山茶、杜鹃、蔷薇、芙蓉、月季折枝果卉之属。花容鸟态，靡丽团旋，无不面面生姿。

圆圆和和，富贵白头，对盒喜祝新郎新妇。

清嘉道间物也。虬枝枯干之末，每续缀花挂果一段绿梢，仍具康熙花鸟遗意。

盒底镌"乾隆御笔"印章款。刻工高于今仿，心机则拙傻好笑，乃民国时愚人妄刻。

购自洛杉矶古玩商查特氏。

径14.5厘米　高8.8厘米

图162　清　百宝嵌富贵白头花鸟对盒　紫檀　径14.5厘米

待月花影动

伦敦古玩富商斯皮尔曼,人高马大,红光满面,性狡黠,善幽默。祖上四代经营东方古物,所藏明初鎏金铜佛金刚造像,居世界私家藏品之冠,其中"大明永乐年施"缠枝宝相火焰背光坐佛一尊,由香港苏富比以上亿港元拍出。见面握手,亮灯让座,出一件于描金龙纹大柜暗仓中,诡称乃秘不示人之书一部,并嘱余"认真学习一番"。见余翻阅来回,意久不决,忽笑望壁上钟宣布:"有你的好消息!这书比刚才又古老了三十分钟。"哗笑间稍抑其价而定交易。归后,方觉其索价"真够黑的"。

淡青织花锦缎封面,题《巫山云雨图》(图163)。翻开,乃各色寿山石拼镶图画。明图六幅,镶六框中,每框上楣活做,插藏暗图六幅,共计十二幅(图164)。六框间以丝绳代合页,首尾相连,只宜曲折立摆如锯齿,不便翻阅。故虽尺寸大小如书页,实为案头小围屏而非书也。

图163 清 巫山云雨图案屏(封面)
寿山石拼镶 框高24.5厘米

观其人物布置,明图乃《西厢记》故事。"游寺惊艳"(图165)(图166),"道场邂逅"(图167)(图168),"君瑞退贼"(图169)(图170),"吟诗酬简"(图171)(图172),"赴约赖简"(图173)(图174),"夫人拷红"(图175)(图176),一折一图。暗图六幅,则窥写张生莺莺佳期种种,或庭院亭堂,或石畔茵茵,颠鸾倒凤、恣肆欢爱之态。明清之拔步床、架子床,四面垂帐幕,宽阔如小室,可容几架。设此类小围屏于炕几案头,昼则西厢会真,夜阑灯珊,抽暗图出,则风月消魂,助夫妇房帏之乐。

图164 巫山云雨图案屏

图165　西厢记·游寺惊艳

图166　暗图一

图167　西厢记·道场邂逅

图168　暗图二

图169　西厢记·君瑞退贼

图170　暗图三

图171　西厢记·吟诗酬简

图172　暗图四

海外拾珍记

图173　西厢记·赴约赖简

图174　暗图五

图175　西厢记·夫人拷红

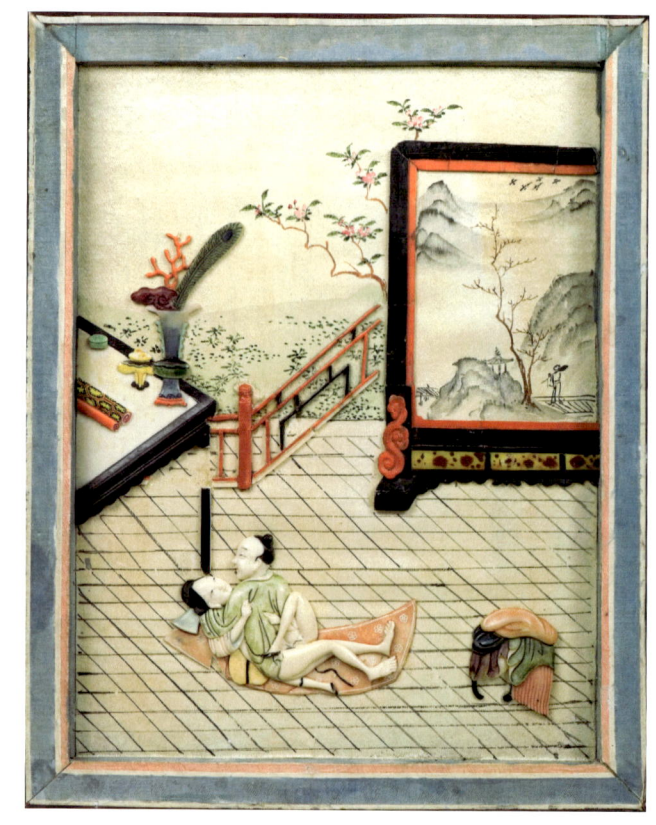

图176　暗图六

图177　清寿山石雕"麻姑乘槎"

　　明清春宫图册，手绘者多，拼镶者稀见。凡历年寓目者，以此件最精。其拼镶之工，极纤毫入微之能事。寿山白芙蓉石做人身，肤白脂腻，丹青描点墨鬓、眉睛、樱唇。衣裙袍服，施彩后再镂花绘金。亭阁栏窗、假山湖石、松蕉竹卉、屏架椅墩、盒炉瓶供、锦函文具、悬幅扇画、彩幔褡衬，一一依式配色雕镂拼出。仿石犹见精彩。泅染墨云晕山仿大理石花纹，叠岩怪石，则峻嶒绚烂、嶙峋皱瘦，棱薄如刃，似利能割手。夫人拷红一图，中置苍山云石平头案一具。磨石细如曲钩，染黄并滴浸泪斑，以仿湘妃竹案架，架之两侧镶菱瓣海棠开光。图上一案盈寸，然所费之工，可造一真湘竹案矣。它如灼灼桃花、翩翩蝶燕之类，均借助画笔，勾画灵活飞动。庭草畦花亦措意经心。苔淡之上点绿，绿之上洒碧，碧之上着蕊红，一层层由远而近。雍乾两朝之工艺，怎一个细字了得！

　　仅凭其细，足以断代。若更推求，康熙仕女，多抚晚明陈老莲稿，乌绾高髻、鸭蛋脸儿，淡挑蛾眉。此屏之莺莺红娘，小小口儿俏俏儿鼻，烟视媚行，已是雍乾娟丽袅婷风格。求证于雍乾后妃图及两朝瓷绘及雕像可知矣（图177）。

　　若云当归入扫黄一流，实不敢奉其教也。夫男女两情相悦，即是天赐爱权。何须行政批准？以"文革"十年之霜雪严酷、悖逆人常，真亘古所未有也，尚仅能戕之苗秀而不能除之根，外禁于视听而不能内灭于心。究其源本，"食色，性也"。

框高24.5厘米　框宽19.5厘米

书画

宣城梅家册页

册页八开，纸本，阙对题。古锦封面，原装原裱。

经友人莫斯中介，购自美古董商葛尔。葛氏十年前得此册于北京，曾携之东赴纽约，访问专家，查阅资料。与余晤面之时，已是了知根底、严阵以待。议价，自是铜铁牙关、寸土不让。照付值，昂甚。

明王世贞赠梅鼎祚诗云："从夸荆地人人玉，不及梅家树树花。"宣城梅氏，百代望族。晚明清初，科甲不兴，而异才叠出。鼎祚、朗中之后，以梅清、梅庚名著甚，诗则宣城派护蘖，画则黄山派砥柱，皆擅胜一时。此册画者，梅清、梅庚、梅翀、蔡瑶、朱宣，计五家。宣城梅门画杰，悉收网罗。

第一开，水墨。

半山临水，滩缓石出，白雾弥漫。早梅冲寒。沿山碎玉香缀，送隐翁石径筇行，遥亭在望。虚峰缥缈，绰列天际（图178）。

题识：乙亥二月，瞿山梅清。钤"某"朱文方印①。

梅清，生于明天启三年，卒于清康熙三十六年。康熙三十四年乙亥，清年七十二。尝自谓："游黄山后，凡有笔墨，大半皆黄山矣。"其大画，云烟奇幻，酣沉恣肆而不莽，小幅则古逸疏简、劲细淡适而不萧条，得黄山真情，岂共石涛、渐江三分黄山而仅得其影而已。斯帧渲染韵动，皴点松灵，梅枝僵蚓偃俏，楚楚动人。信是吞吐黄山、随手撷景之作。

清晚年手辑《瞿山诗略》存其题画杂诗，之一云："寒山寒树护山家，岩壑无人一径斜。策杖行吟独惆怅，几枝春色到梅花。"恰合此画境。

第二开，水墨。

图写黄山玉屏峰一线天之渡仙桥。

满谷云海，森峦浮笋。接天峰巅，更有危寺下瞰。天桥跨绝壁间，湍急泻过。有寂寂桥上人，曳杖仰止。山益觉其巍伟，人益藐如芥粒（图179）。

钤"雪坪"朱文　圆印②。

第三开，水墨淡设色。

平湖荡荡，汀渚渐远，丛树娆娆，款摆欲舞。一

图178　清　梅家册页第一开·梅清

图179　梅家册页第二开·梅庚

图180　梅家册页第三开·梅庚

图181　梅家册页第四开·梅庚

图182　梅家册页第五开·梅翀

图183　梅家册页第六开·蔡瑶

士人携女校书，傍坐湖亭中。云烟痕净，私悄静语，遥听未真（图180）。

钤"阿""庚"白文分字印③。

第四开，水墨淡设色。

崖势悬险如乌云，倾压江边。水拍缆桩，岸阶上通。崖顶寺观垣阁，郁郁青松下。

四顾水天茫茫，唯见扁舟一叶，舟子撑篙，载文客偎红揽翠，乘酒泛波而来（图181）。

疑是黄山文殊台景。

题识：辛未春写进时翁老夫子，宛陵梅庚。钤"阿""庚"白文分字印。

雪坪、阿庚，梅庚之别号小字也。辛未年，即康熙三十年，庚时年五十二岁。历来以庚为清弟，《图绘宝鉴》《国朝画徵录》俱如是言。《清史稿·列传》称庚与"族人梅清齐名"，而未及辈次。杨臣彬先生据庚为清作《匣琴诗原序》之署"同学侄孙雪坪庚拜撰"，廓清前误。

时翁老夫子，不详何人。集各家册页，幅小似易，颇难葳事。或一册周流，或分纸散布，一家滞宕，则家家延后。诸梅少长，虽同族而不必咸居一地，更添阻隔。故庚题辛未，清题乙亥，历时四载，画册甫就。

第五开，水墨。

取景白龙潭，居高而下探，视角新颖脱俗。

深潭水漾，幽罅冷壑。篷艇自洞拱下顺流出，一路乱花俯窥。执桨女郎，婉坐端凝，独游天地春色间，俨然柳蘼芜、林天素一流人物（图182）。

题识：文脊梅翀，钤"培翼"白文印④。

翀为梅清从孙，画多奇趣，乃梅家后劲。

第六开，水墨淡设色。

暝色暗山林。草堂暮霭，轩扉闲敞，待泊归舟（图183）。

第七开，水墨淡设色。

松杉杂树，并立矮坡。疏叶枝隙间，群山屏障，浅川平湍，小桥抵岸，不见人家（图184）。

题识：宣城晓原蔡瑶，钤"蔡""瑶"分字朱文印。

蔡瑶，字晓原，其人画史阙录，画迹罕传。据梅清赠诗，知晓原乃清之表侄孙，清少时与之游，有《月夜同晓原、季赤、子彦过宛津庵，寻喝涛、石涛、澹公纳凉》诗。

第八开，设色。

折枝月季，两花一蕾，插哥窑瓶中。当年蘸白粉写生，今铅质泛出矣（图185）。

钤白文"朱亶印""邠瞻"朱文印。

朱亶之行状及与梅家瓜葛，俟考。传《揭钵图》一轴，清代洪氏颐煊小停云山

馆旧藏，属名朱亶，或是一人。

统观诸梅此册，清之淡，乃自绚烂至极中涅槃升华出来，合董其昌所谓"渐老渐熟，乃造平淡"之旨。庚、翀及晓原，笔触锐敏，墨气匀茸，苍秀蕴藉、卓然，各呈风貌。山石皴法、针叶圈布、点顿富韵律，则尘步清笔，森森然有家法。

册扉有旧题《宣城四妙册》，落款"补庵"，钤"张允中"白文印（图186）。允中，号补庵，晚清民国时人，古画商，善贾饶资财，好眼力，过手多巨迹。元代藏于内府、清乾隆时再入宫中、经《石渠宝笈初编》著录之宋徽宗《五色鹦鹉图卷》，即由允中自恭王府卖出，售日人山本悌二郎，终于1933年成波士顿美术馆镇馆宝画之一。

其小印用蓝印泥，当为丁忧守孝时所钤。

通高24.5厘米　宽17.8厘米

注释

①见王季迁、孔达编《明清画家印鉴》：梅清印1

②见上海博物馆编《中国书画家印鉴款识》：梅庚印11

③见上海博物馆编《中国书画家印鉴款识》：梅庚印2

④见上海博物馆编《中国书画家印鉴款识》：梅翀印2

图184　梅家册页第七开·蔡瑶

图185　梅家册页第八开·朱亶

图186　张允中题签

清《柳阴采莲图》

宫纨式,绢本,设色,无款。

绿柳拂烟,菡湖清畔。伊谁家少妇,绣袖罗裙,玉臂娇拿,分明扮船娘莲姑,姣媚兰舟。当荷风徐来,碧陂伏偃,粉萼时露。总角两小儿,把傍栏杆,欢插瓶供:红肚兜、金项圈,唤母少停;夏纱衫、银命锁,探撷折茎(图187)。

伯克利某女士携来求市。虽佚名小幅,以恬美悠然、娴雅饶清韵,立为之倾倒。

晚清遗老有怀旧词云:莫道乾嘉风物好,便是光宣已销魂。而于我辈,光宣、民国风景,都付予隔世前尘,自无福得见。既幼时北京,出得白石桥,向海甸,便是沁脾田园荷香,亦恍然邈梦难寻矣。画纨裁剪片断昔日,玩之,凉目静息怡神,不啻于今日钢筋水泥嘈杂噪乱中,又得一身心逃避处也。

观画观名,乃人之常情。家严治艺史数十年,尝诫余,看画不可只重名头,须先看好坏。盖此中三昧,得一"好"字,脚跟已站稳。倘笔出名家,固然添趣,即无名手作,亦何害事!且名家"真"品,每每匿身"好"字中。

径长27厘米

图187 清 柳阴采莲图 径长27厘米

清陈枚《海青拿天鹅图》

纸本，工笔设色。

题识：庚子秋月小雨过后陈枚作。

钤印：朱文"殿抡"①，白文"陈枚之印"②。

陈枚，字载东，号殿抡，晚号枝窝头陀，江苏娄县人，以宫廷画师载画史，与冷枚、丁观鹏等齐名。其"画初学宋人，折中唐寅，自出机杼，参以西洋法，能于寸纸尺缣，图群山万壑。以显微镜照之，峰峦树木，屋宇桥梁，往来人物，色色俱备，其用笔之妙，与巨幅同"，"雍正四年，以供奉内廷劳，赏内务府掌仪司员外郎衔。后以伤目，乞假归，居杭州西溪以终"。

海青，又名海东青，唐时称决云儿，即古之兔鹘，今之鹞隼也。南宋庄绰《鸡肋编·海东青》云：鸷鸟来自海东，唯青鸇最佳，故号海东青。又《辽史·天祚皇帝本纪》："女真服属大辽，东北与五国为邻，五国之东邻大海，出名鹰。自海东来者，谓之海东青，小而俊健，能擒鹅鹜。"辽、金、元诸帝，起身游牧，习行畋猎，春攫鹅禽，秋捕鹿兔。一时绘画、玉器、服佩③，多取之为题，所谓春水、秋山是也。

春水，或称春捺钵，"远泊鸣鼓，鹅群惊起，五坊擎进海东青鹘，拜授皇帝放之，鹘擒鹅坠"。殿抡画，写天鹅高空遇险，惊窜下冲，欲匿身芦荡。海东青刁悍凶狠，紧逼疾降，嘴钩剑利，铁爪枯荆，正扣鹅颅当顶，力大势猛，爪锋掐入肉中寸许。传其喜吸食天鹅脑髓，此其瞬间也（图188）。所绘海东青，文斑似缬，白犹散花，是元马端临《文献通考》所谓"爪白者尤异"者。其瞳耀珠芒，神威电射，勉强凝睇数秒，即心胆颤悸，躲闪移眸而不敢再视。何等点睛之笔哉！

工笔细绘，每遭妄肆泼洒、捷径写意者嗤笑，以为拘泥匠气。彼辈不屑为，其实未必能为也。

画题"庚子秋月"。康熙五十九年（1720）与乾隆四十五年（1780）均为庚子年。余谓必作于康熙五十九年。何也？《娄县志》称，其与兄（一说弟）陈桐北上，"同寓京师，终日临摹宋元名迹"。宋元人无款海青天鹅图，所见不止一本。证殿抡之春水，非尽源独创，恰其早期揣摩习古并"自出机杼"之本。据之，可史画互证。又称该时，"画院待诏小陈相公（陈善）见其画，成莫逆交，并荐之于朝"。检画右钤"殿抡"一印，大有春风得意之态。抡者，择选也，是至迟康熙庚子秋月已诏选入宫矣。据之，又可史印验照。

殿抡生卒年失记，由此生年可模糊大约。以年三十岁入宫推算，生年或在康熙二十九年前后。其乾隆七年（1742）所绘古树鸦集图，题属晚号"枝窝头陀"并钤"陈人"小印，可知行近暮年矣。

高124厘米　宽67厘米

注释

①见上海博物馆编《中国书画家印鉴款识》：陈枚印3。
②见上海博物馆编《中国书画家印鉴款识》：陈枚印4。
③《金史·舆服志》：其从春水之服，多鹘捕鹅杂花卉饰。

图188 清 海青拿天鹅图 高124厘米

海外拾珍记

古籍善本简札

奇书缘

　　常逛跳蚤市场，得识美国木匠卡普勒氏。老人家心地纯良，瘦小精干，大手皲裂多老茧；无儿女，偕老妻及肥狗两头，居伯克利山腰小木楼中。室内家具均自手斫，颇以实材大料、坚固耐用为得意。知余藏古，言家有中国旧书，得暇可往一观。余姑妄听之，漫应之。

　　一日入山林，顺诣其木工作坊。果出线装古籍两册，问余其有意乎？封面写朱题数行，未及行读，睨见起首"此是明刊本"及末尾署名"西谛"二字，已脉冲血涌，几至窒息。扶挪至桌前，坐定，细阅。竟是明万历版《鲁班经匠家镜》。亟问来历。

　　老人言，1982年春，中国大陆某留学生，合影犹在，名姓佚记，就读英文学校初级班，赁楼下一室居住。初，尚能按期付租。数月后不敷日绌，乃取携带出国之新旧绘画书籍，任择选以偿租金。此书即在其中。老人不识中国书画，却之不受，容其缓措。又数月，彼欲转投洛杉矶亲友处。议所欠金，仍出前示书画，含愧曰：身外无余财。老人怜其清寒学子，去国背亲，遂挥笑由之去，或偿日后腾达时。彼感乎内而动乎容，恳请留一二存念。婉辞，益坚其请。因检此书中插图，与木匠专业尚存关联，故纳而受之，聊助参考耳。

　　余问时下一年租金几何？愿换以两年金。老夫妇闻之，大喜过望。不数日，即付款成交。

　　时国内古籍书价以嘉德拍卖为最，然未闻价高如许。忆当年求阅是书，持单位介绍信至文津街北京图书馆。倍费周折，始调出微缩胶卷。聚眸荧屏，手摇轮把，图文颤晃彳亍。读未毕，已眩晕欲呕矣。今日于海外林间一小屋中，竟得亲晤面对，迥异数也，不应更图价廉。况钱去，可使复来。倘纵此书逸去，奚将求乎，奚将求乎！

　　封面有郑振铎先生西谛朱墨亲题书名《新镌京板鲁班经匠家镜》及题记四行："此是明刊本，凡三卷，当为全书，总结了历代工匠的经验，写了下来，午荣与章严之姓字，可与李诫并传矣。西谛"（图189）。

　　手笔携柳归颜，临纸想其丰瞻，一湛然磊落、玉树临风之君子也。

　　书之全名：《新镌京板工师雕（印亚斤，古写）正式鲁班经匠家镜》，北京提督工部御匠司司正午荣汇编，局匠

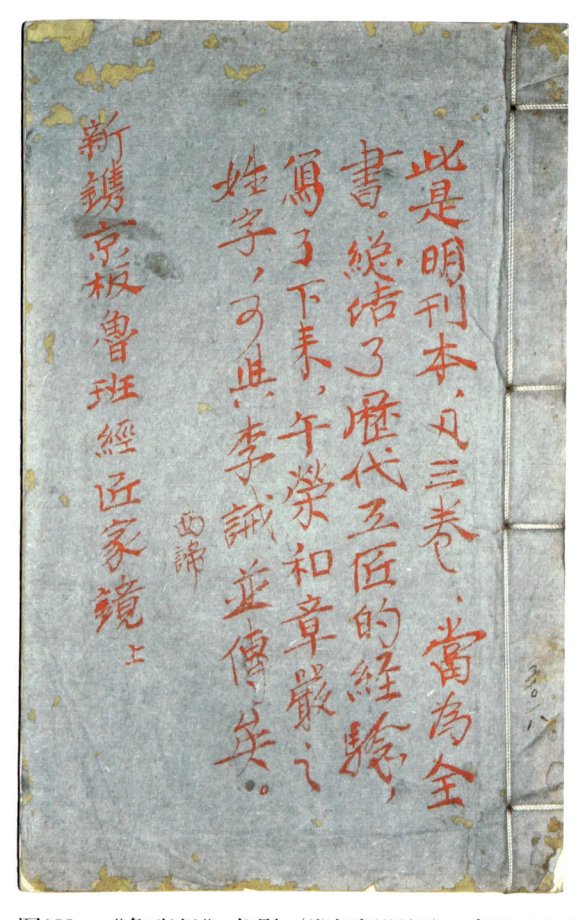

图189　《鲁班经》书影（郑振铎题识）　高25.6厘米

所把总章严全集（仝，意同）。竹纸，半页九行，行二十字。无黑口，上单黑鱼尾。内中版画插图，线刻宛如游丝，弹射韧劲，人物柳眉凤眼、衣纹流利，纯是万历雕版。北宋李诫《营造法式》，煌煌古建匠则集大成之巨著。先生举午、章与之比肩并论，推重若此。

全书正文前有扉图一帧：堂官据公案后，匠人操作于前，当是工部御匠司或局匠所衙署内景。图之右下角钤"素风"及"康生"朱文印各一方（图190）。

素风，倘不误，乃清僧人律然别字。律然海虞人，诗画俱佳，著《息影斋诗钞》存世。想来息影槛外，亦是究心木工匠作之人。

据"康生"印，此书曾庋插其架。郑先生振铎不幸遇难，猝归道山，所藏古籍尽捐北京图书馆。此本散出当在先生生前。曷归康邸，复流落至美，不能详考。曾经寓目之康印，圆章"归公"，依壁秦铄汉铸；闲章"康生看过"，直接章草。此名章汲髓三代鼎彝金文，融铸石鼓、封泥、摩崖石刻，刀法老辣，得窥缶庐堂奥。印色浅金嫣红，极考究风雅。持公允论，山水精妙，不黜林甫[①]；书风秀逸，当存分宜[②]。康氏博识赏古，善鉴工书，自不能掩其奸酷，亦不应因人尽废。

书页中散夹"西谛藏书目录"表格一页（图191）。绿墨栏格，分编著者、卷数、出版年月、出版者、版式行款、附注诸项，乃当年专印特制。足窥先生藏书规模之大、用功之深、杵力之沉。转念抗战军兴，先生匿身上海，忍诤负诟，发大愿，誓救吾国典章古籍于虎啮狼嚼间。今日论之，先生功德，日月昭彰，山高水长。书生报国，不必攻城略地、上阵格杀方

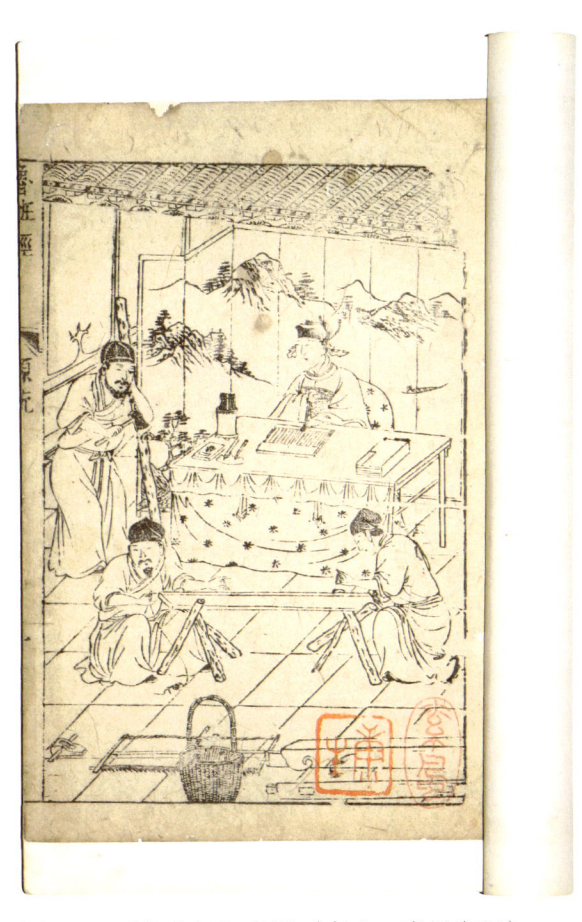

图190　《鲁班经》书影（康生、素风印记）　　　　图191　"西谛藏书目录"单页

图192　《鲁班经》书影　　　　　　　　　图193　《鲁班经》书影

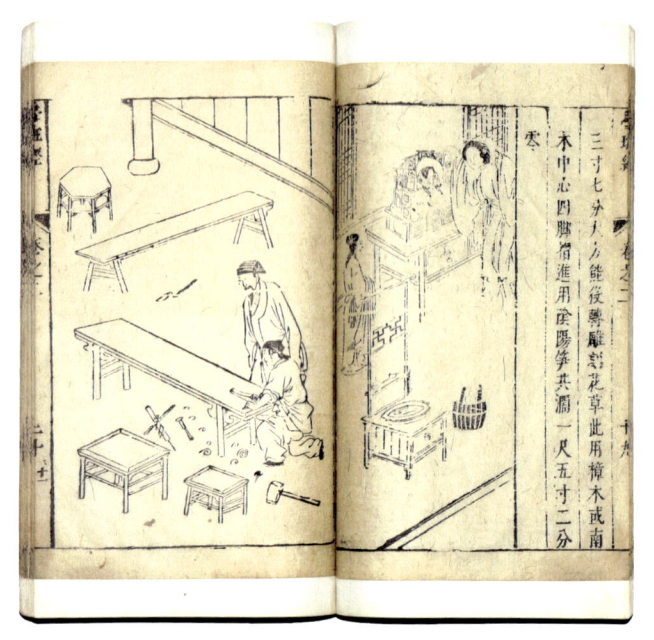

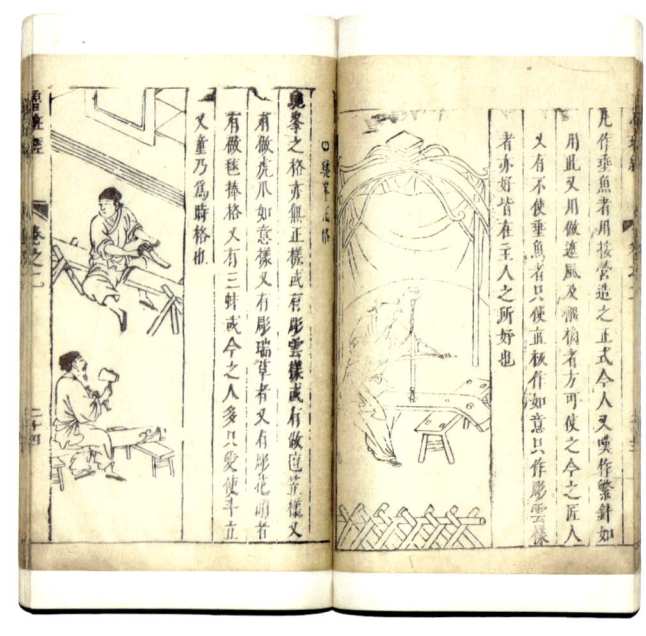

称英雄。

余谓此万历刊本允具四绝。

一曰名高位重。追溯前身，乃《鲁班营造正式》。明式家具至正嘉隆万四朝，登达鼎盛。此万历刊本新增家具条款并附插图，开前本所未有。付梓与制器同步当时，故图绘精准，为研究中国明代家具必读之典。后崇祯增编及清代翻刻，讹误变本加厉，图像愈趋拙劣，价值远逊。我国刘先生敦桢、郭先生湖生、王先生世襄，均撰文作论，或考证版本源流之异同，或校释条款辞名之涵蕴，赞之"宝贵"，诩之"最佳"，推之"重要"。欧美学者如德国艾克、美国汉德勒（韩蕙）及艾弗斯，于著作中频述迭引，荷兰学者鲁克斯更出版专著《十五世纪鲁班经研究》。是蜚声中外，备受尊崇也（图192）（图193）（图194）（图195）。

二曰珍全。世事茫茫，兵燹水火，书海沉浮。是书《四库全书》不载，《贩书偶记》未录，诸家书目阙传其名，渺无踪迹久矣。1961年初，国家文物局始于民间访得残本一部，诧为罕宝。端赖此残本之天日重见，刘、郭之作采掇引用，得成比较；王作据之诠释注解，方可行文。万历刊残本，尚珍稀一至于此，遑论万历刊全本。是天壤间香火仅存。

三曰品相佳。宣绫包角，双丝钉册，惜古衬，所谓金镶玉装也。

四曰好帮手。旧时书估称名家批校、圈点、题跋、藏记为"帮手"，谓一书被此，可凭之倍昂身价矣。此本素章、郑题、康印，一一灿然，流传有序，添书林前尘旧影一段韵事。

曾携之归国。时藏书家孟君宪钧拟集西谛书评成书，流连展观，艳羡不已，亟抄题记而去。无意间又向家青道及，并小试其心价。家青吝于金，唯愿以"家青制器"兑换。不许。

通高25.6厘米　宽16.9厘米

图194　《鲁班经》书影　　　　　　图195　《鲁班经》书影

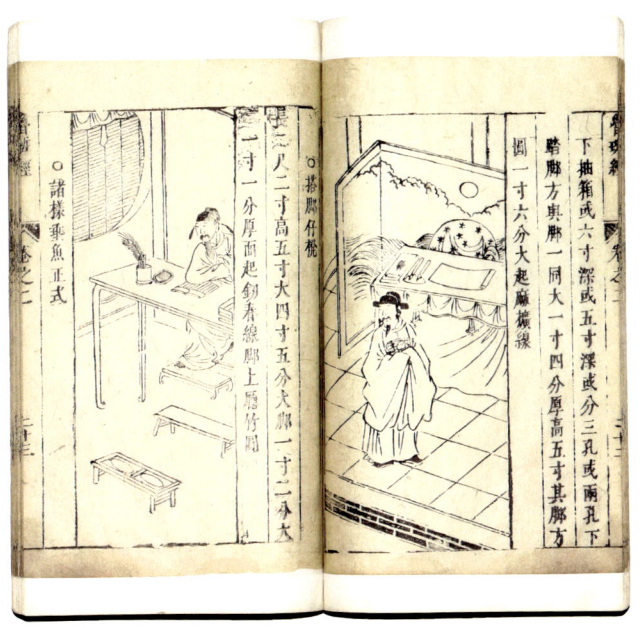

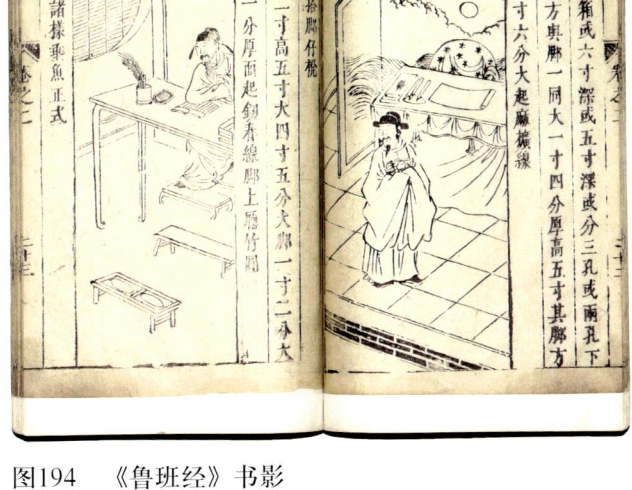

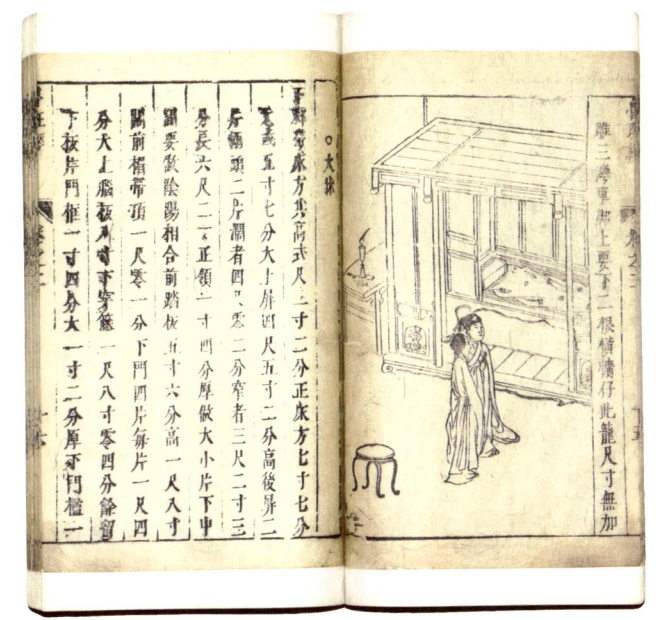

注释

①李林甫，唐玄宗开元年间权倾朝野，以口蜜腹剑著史册。为李思训侄，画风亦小类之。

②严嵩，字惟中，明嘉靖年间独揽相柄二十年，陷人无算。嵩江西分宜人，世遂以是称之。

蔚县剪纸册

我国民间剪纸，风异南北，格分地域。河北蔚县王老赏一派所刻戏曲脸谱人物，夸张神姿，妖娆拳式，叱咤间警闻仓才锣钹响；色彩极大胆，与后期印象派绘画暗合，大红大绿黄蓝姹紫，经点染湿润，陡然绚丽明快、变化无穷，欢喜烂漫似孩童，向为余所挚爱（图196）（图197）（图198）（图199）（图200）。

余论艺术，除一望而知之雅之俗外，更有雅俗、俗雅之别。雅俗者，貌妆高雅而俗恶阴溃于内，今日艺坛颇不乏此流。俗雅者，如白石老人笔下红花墨叶、萝卜白菜，状似通俗而大雅充盈其中，老赏游刃彩纸，亦足伍示范。缘此，虽书龄不过甲子，仍欣然归之善本。

老赏，旧时察哈尔蔚县南张庄农人。清光绪十六年生，七岁学染刻窗花，操艺五十余年，远近闻名。1951年卒后，国家出版《王老赏的窗花艺术》以资纪念。此册则集原刻十六件，裱贴装函，由国际书店于1955年对国外发行。未敢遽信是老赏亲泽，或出其门下，然亦音容未远。

购自伯克利大学书店顶楼之"旧书室"。一楼即摆列欧美人研究中国剪纸新著若干种，标价竟本本昂于此册。

高21.8厘米　宽15.6厘米

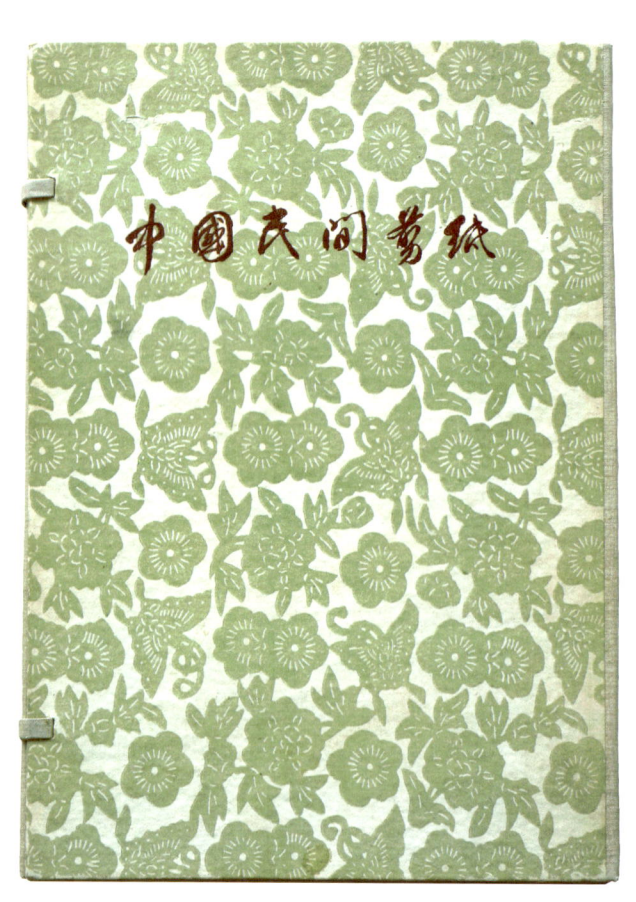

图196　蔚县剪纸册函套　高21.8厘米

图197　剪纸一

图198　剪纸二

图199　剪纸三

图200　剪纸四

王国维手札

某周六，伯克莱千橡街某华裔住户办"车库售卖"。从其祖辈旧书刊中翻得墨书手稿本《偷生梦忆录》一册，匆索一过。作者姓窦，名以锐，字公颖，任日伪北平电车公司高职。光复后，因"通谋敌国，图谋反抗本国"及协献铜铁资敌之罪，判刑五年。此其狱中自述，丁亥（1947）立夏日写于宣南江亭之西姚家井，即今北京劳改监狱所在地（图201）（图202）。人类各国，均产族奸，犹以中国汉奸之数目众、名藉甚、且不乏才子为观之止，略如民国周知堂、梁鸿志、黄秋岳、胡兰成辈。窦氏书，行兼章草意，字小行密，烁鳞炫耀，流美自如不逾定法，唯稍嫌甜绵，俨然又是工书有才人。然德缰不揽才辔，是不如有德无才，庶乎免罹牢狱之灾、杀身之祸、亡命之悲。

册内叠手札两页及便条一纸，未及详阅，以两枚汉堡包之值通购之归。

再阅，便条为窦氏狱友陈某乞题书名事，无足道。读手札，大惊，乃观堂王静安先生国维致雪堂罗叔言先生振玉书两通（图203）（图204）。小字可爱，有刘石庵之腴，而无其坠滞，诚如先生学问为人，一笔不苟也。一书"廿四日，维顿首"，一书"十一日，国维又拜"。后者书于明制笺纸上，应是附某札后之补笺。

兹就廿四日手札年月疏考之。札云："沈老此次亲丧费七千元，前奏请终制而上不允，故百日后即须入直也。"沈老即宝熙，字瑞臣，号沈庵，清宗室遗老，清逊帝股肱之臣。静安先生奉谕入京，充紫禁小朝廷南书房行走，与宝沈庵过往共事，时始民国癸亥年（1923）五六月间。此札发于北京，自不能早于其时。札内又有"昨日往沈庵处谈及玉泉租屋事，沈云该处房屋恐仅有白墙基并无房屋"并有"不知公何日来京"诸语。玉泉，当指北京西郊玉泉山。据雪堂先生年谱，先生于民国甲子年（1924）九月二日进京入直南书房，寓王家。想来行前曾安排住宿，故先托静安先生办"玉泉租屋事"。不果，遂暂居其处。是此札日期必不能晚于此时亦甚明。

辛亥国变后，静安先生行札或不属年号，属则宣统本朝，盖至死不奉民国正朔也。日后沉湖，上谥忠悫，乃分之宜。

两大师因儿女家事姻亲断交，静安先生怒焚雪堂旧日书信，雪堂亦未必不如是。两公互书通讯，今存无多，此原由之一乎？

书弥足珍贵。何人、何时、因何而夹之于窦氏册内？际会因缘，每出人意表如此。

复返售家查索。彼四世移民，早已不识祖先文字，所问皆摇首。

手札：高26.25厘米　宽16.25厘米
附笺：高23厘米　宽11厘米
《偷生梦忆录》：高25厘米　宽15厘米

图201　《偷生梦忆录》封面　高25厘米 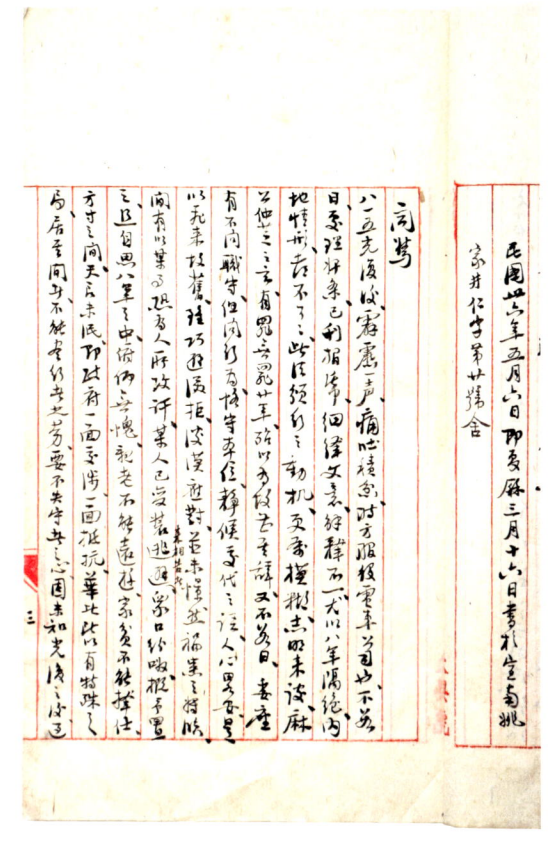　　　　图202　《偷生梦忆录》书影

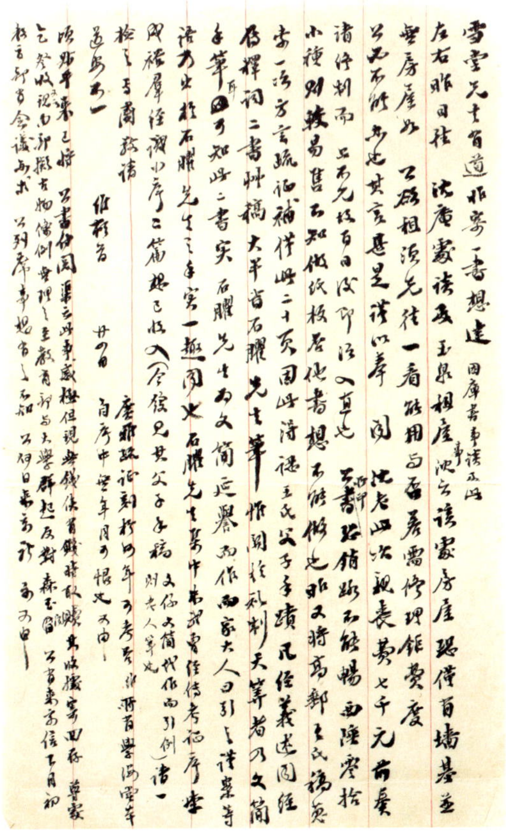

图203　王国维手札　高26.25厘米 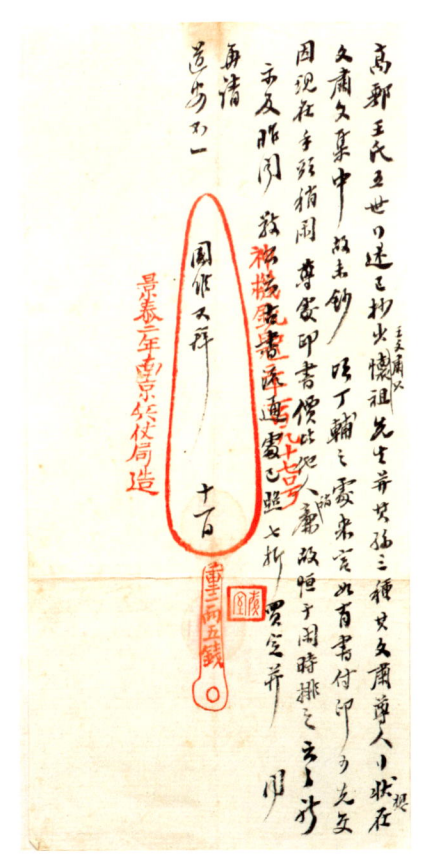　　　　　　图204　王国维手札补笺　高23厘米

中兴名臣书简

　　曾国藩①、胡林翼②、左宗棠③、曾国荃④、彭玉麟⑤、郭嵩焘⑥诸公，当江山崩溃之际，挺身赴国难，奋子曰诗云书生手，合扑熏天洪焰而终扼绞之，史称中兴名臣。简册收国藩致国荃书四通，林翼、宗棠、嵩焘致玉麟书各一通，金丝楠木夹板。

　　国藩致国荃书四通，分属十一月初七日、十一月初八日、十一月初九日、十二月廿三日，国藩手草。裱工未审，装池亦依此顺次。今观书中所言事，则作书日期先后，当小作颠倒。

　　十一月初九日信中有"旌德贼退后，初三日陷太平，初六日至黟县。黟县去祁门仅六十里，不知王钤峰、唐桂生能速由徽援祁否。祁若不保，则皖南全局立坏。此又三患外之一大患也。此等处，自负天意主持。吾日内寸心如焚，牙疼如割，实乏生趣。安庆城守事尚属认真。弟可放心"等语。按：太平天国定都金陵，安庆乃中游屏障。欲克金陵，必取安庆。

　　咸丰十年（1860），国荃率军围攻安庆。国藩坐镇祁门，牵制江南之敌。太平军南北回援，十一月初，李秀成重兵逼近祁门大营。国藩兵寡，遗嘱诸弟，宁殉国而坚不撤围。殆临危震骇，强自撑持以稳军心，有主帅风。上引数行，墨迹煎灼焦涩，是困兽裂眦搏死之书，日期当在该时。

　　十一月初七日、初八日两通，切问季弟国葆⑦之病，并有"侍逆⑧日内猛扑金陵"及

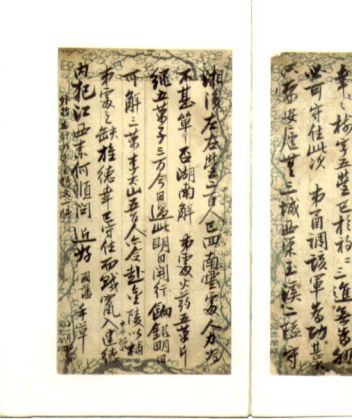

图205　曾国藩致曾国荃书　　　　　　　图206　曾国藩致曾国荃书

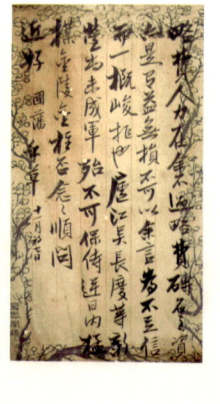

图207　曾国藩致曾国荃书　　　　　　　图208　曾国藩致曾国荃书

图209　曾国藩致曾国荃书

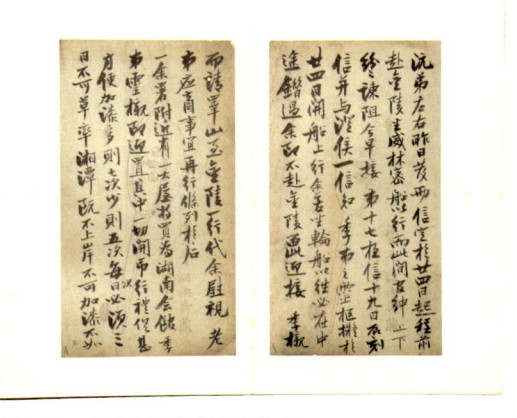

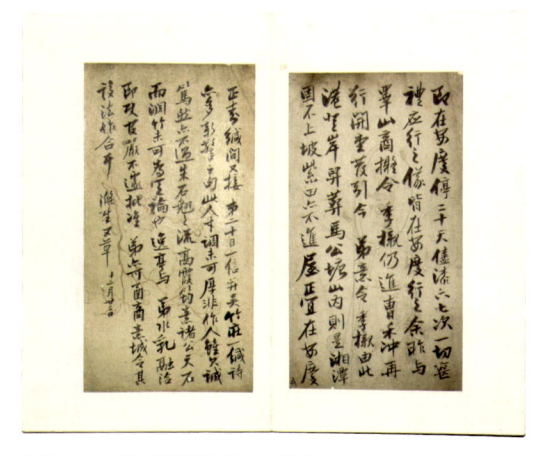

图210　曾国藩致曾国荃书

"李太山五百人，亦令赴金陵，以补弟处之缺"等语，至十二月廿三日一通已交代为国葆迎灵送榇事，知此三通均写于同治元年（1862），时国藩行辕在安庆。是年，国荃、国葆大军围困金陵，与数十万太平军日夜浴血激战，状极惨烈。自闰八月，尸腐狼藉，致江南疫疾大作，国葆染恙，十一月十八日卒于雨花台大营。遗体抵安庆，国藩抚棺大恸（图205）（图206）（图207）（图208）（图209）（图210）。

林翼致玉麟书，落属"兄制林翼顿首，五月十一日"。据"安庆围师，前得沅丈⑨来函，深沟高垒，可制城贼，当新抽拨御援贼（兵）二万，老谋所在，援贼破，则城贼自穷"一条，此书日期为咸丰十年五月十一日，时林翼在湖北巡抚任上。是年三月，曾、胡定围安庆大计。林翼统领全局，且自率兵驻潜山、太湖为后援。此书字里行间，运筹谋划、调派周详，精忠殚竭之言，谆谆不绝于耳。破安庆后不数月，林翼果以劳瘁吐血卒于武昌衙署（图211）（图212）（图213）（图214）（图215）（图216）（图217）（图218）。

宗棠与玉麟书，阙佚前部。书内"东南渐有宁宇，西北则战事方兴"一语及"宗棠再叩，五月十三日直隶连锁镇行营"之属，已道明书信地点及日期。宗棠灭太平军残部于广东嘉应州，旋受命钦差，督办陕甘军务，攻剿西捻及反清回军。同治六年（1867），追击至直隶、山东而斩绝之。

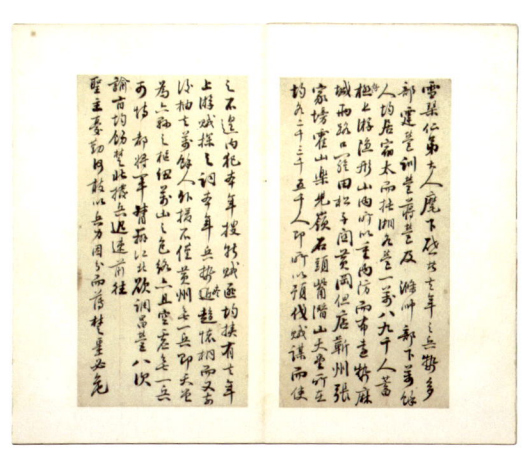

图211　胡林翼致彭玉麟书

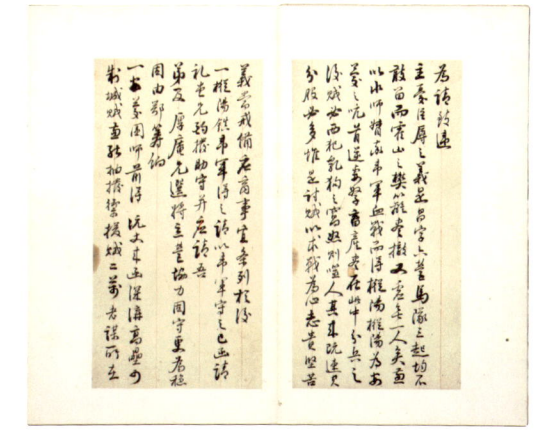

图212　胡林翼致彭玉麟书

图213　胡林翼致彭玉麐书

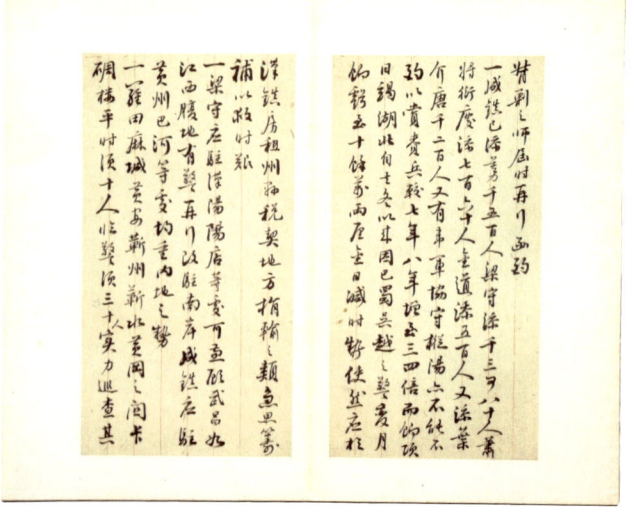

图214　胡林翼致彭玉麐书

图215　胡林翼致彭玉麐书

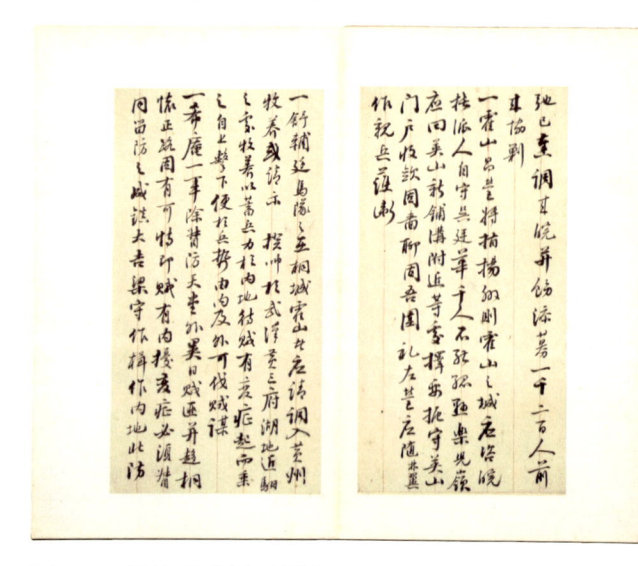

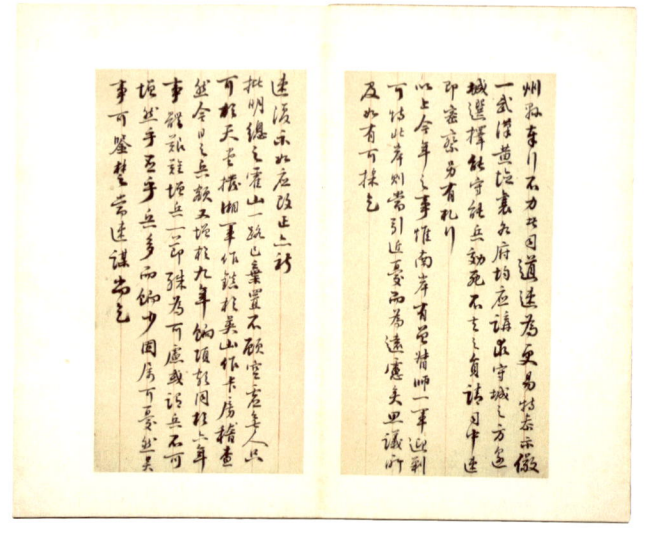

图216　胡林翼致彭玉麐书

图217　胡林翼致彭玉麐书

图218　胡林翼致彭玉麐书

又言："芹兄齿少于我，而每次书来，衰态逼人，意将托此而逃也？世局未平，同心日乏，譬犹演剧，角色零落，空胜几个婆娑台上，自歌自舞，不独观者散去，即演唱亦失兴耳。慨叹何既。" 宗棠以朝廷方岳重臣，素日正襟不苟，器府深广，难测量也。若非私札遗世，其心怀告白，何由旁窥！烈士齿暮，读来寂寞。

所云"旧赠画筵，为嗜奇者持去，思之不见，如失故人。便中乞仍以数柄寄我，老厌冷寂，乞多画牡丹少画梅也"，良有深意。盖传玉麟少时，与女名梅姑者约偕白头。此后，女父将另字之，女不负前诺，殉情以报。玉麟凄楚，终身未娶，辄画梅并钤"伤心人别有怀抱"、"一生知己是梅花"两印，以志不忘。余曾藏其墨梅一轴，题句曰："十年征战在天涯，莽莽乾坤何处家。连江戈橹清夜永，高烧红烛咏梅花。"终玉麟一生，无它画，唯画梅不下万本。人步晚年，心境凄凉不堪触碰，宗棠由是有"少画梅"之请。

宗棠大官，亦是大书家。此札捉笔涂抹，似顽童学书，而极耐人寻味，藏遒劲功力于憨拙可爱中。视"再叩"之末笔，直可戳沙洞地（图219）（图220）。

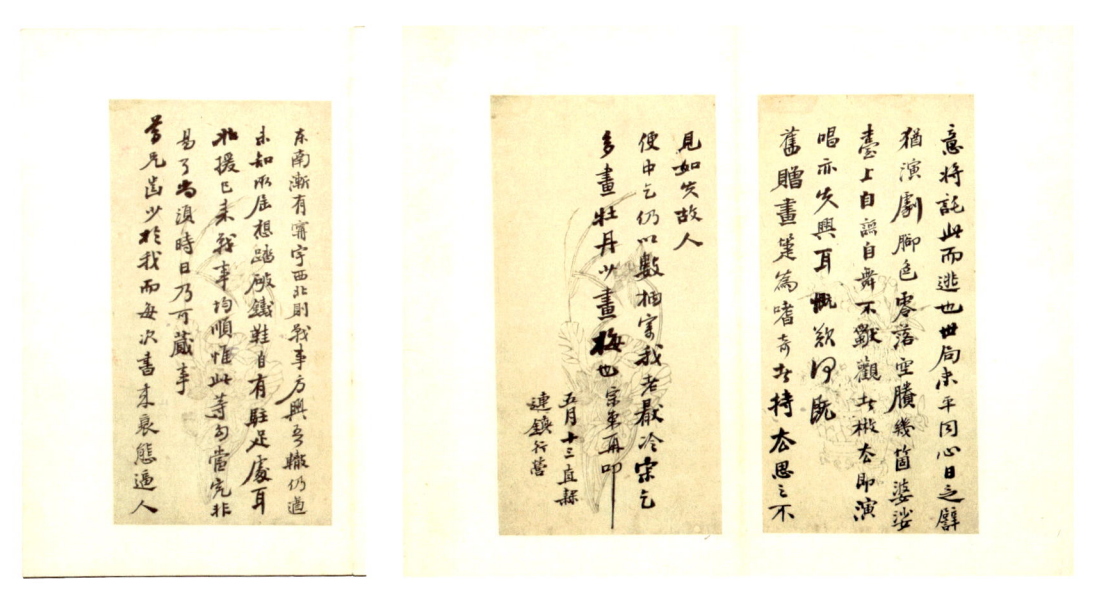

图219　左宗棠致彭玉麟书　　图220　左宗棠致彭玉麟书

嵩焘致玉麟书，末属"闰五月初四日夜"。据"粤事直苦气习太深，弟一身孑孑，才薄量褊，稍稍疏理其端倪以求尺寸之效，而诸事牵掣，百不从心"语，时仍在广东任上。据《郭嵩焘日记》，其巡抚广东，自同治二年（1863）六月廿九日起，至同治五年（1866）五月初四日止，三年间，锐意兴革，与两任两广总督忤相龃龉，复与左宗棠反目，乃官场共知。再考"涤相山东之行，孓然寡俦"事：国藩于同治四年（1865）奉诏剿捻。同治五年（1866）二月初九日，离徐州赴山东，驻辕济宁。嵩焘提及，则此书日期，必在同年，且恰在卸任交印之当夜。至"外察时事之日艰，内愧吾才之弗逮，庄生云：仁义者天地之蘧庐，不可以久居"，是心灰意冷、尽露去意（图221）（图222）。

初见札册于旧金山魏乐堂先生之乐斯陋室。先生早年师从清道人李瑞清之弟仲乾先生，尽得李氏书法谛传。中年后挟中国书道入抽象绘画，意彩狂舞、闪击凌厉、恣肆汪洋，与赵

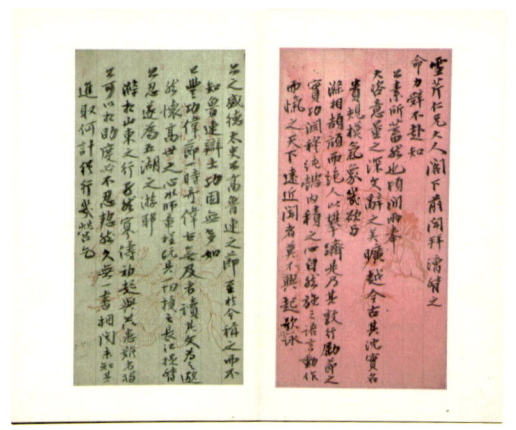

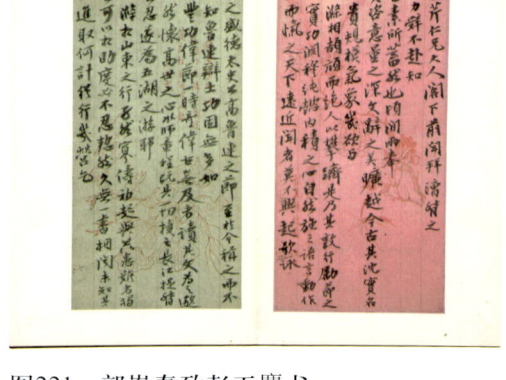

图221　郭嵩焘致彭玉麟书　　　　　　图222　郭嵩焘致彭玉麟书

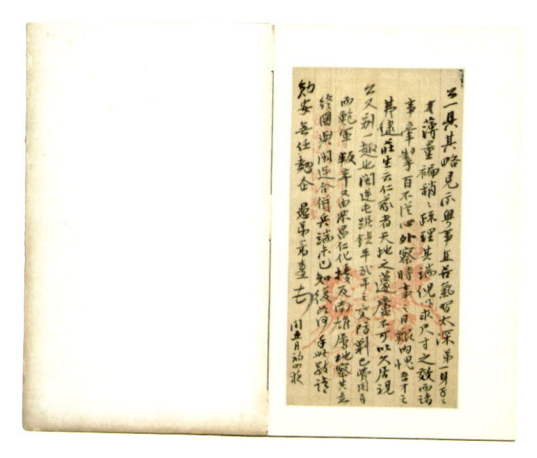

无极、朱德群、赵春翔并称西画华人四大师。与家严那丹公交厚，余礼为父执，忘年欢洽。先生德劭，深明嵇叔夜所言"夫人之相知，贵识其天性，因而济之"之义，竟举以相让。

通高29.8厘米　宽18厘米

注释

①曾国藩（1811—1872）湖南湘乡人，号涤生，道光十八年赐同进士。历官翰林院侍讲学士、礼部右侍郎、兵部吏部左侍郎。统帅湘军灭太平天国，爵封一等毅勇侯，朝班列汉大臣之首，薨谥文正。

②胡林翼（1812—1861）湖南益阳人，号润芝，道光进士，授编修。历官贵州镇远知府、四川按察使、湖北布政使、湖北巡抚。兵败则揽过，奏捷则让功，苦心帷幄、竭蹶经营，全力援国藩，薨谥文忠。

③左宗棠（1812—1885）湖南湘阴人，字季高，举人出身。为骆秉章军谋，重创石达开，后以四品京堂入国藩幕赞襄军务，刚明耐苦、所向披靡，功授浙江巡抚、闽浙总督。爵封一等恪靖伯，薨谥文襄。

④曾国荃（1824—1890）字沅甫，国藩四弟，行九，贡生出身。率部战江西、下安庆、破金陵，名震军中，人呼九帅。爵封一等威毅伯，薨谥文襄。

⑤彭玉麟（1816—1890）湖南衡阳人，字雪琴，又作雪芹。随国藩创立湘军水师，湘潭大胜，继取岳州，提督水师，会攻金陵，功授漕运总督，辞不就。光绪九年擢兵部尚书，以衰病再辞，薨谥刚直。

⑥郭嵩焘（1818—1891）湖南湘阴人，字伯琛，号筠仙，晚号玉池老人，道光进士。佐国藩建湘军，参谋荐材，宣力实多，升署广东巡抚。光绪元年任总理衙门大臣，为洋务先驱，首任驻英、驻法公使。

⑦曾国葆（1828—1863）字季洪，国藩五弟，县学生。投胡林翼麾下，带兵与国荃会师安庆、金陵，以功晋知府。

⑧李世贤（1834—1865）广西藤县人，忠王李秀成堂弟。以破清军江南大营功，封侍王。同治元年，率大军救金陵围，败退。后转战浙赣粤闽，于广东镇平为康王汪海洋所杀。

⑨即曾国荃。

《校注项氏历代名瓷图谱》

郭公葆昌（1879–1942），字世五，号觯斋，河北定兴贫苦农家子。十七岁，入京城西安门德聚成古玩铺学徒，藉敏慧勤学，终成一代古瓷鉴藏大家。辛亥鼎革，转顺德府知县；后入袁世凯总统府，干练慎谨，得充庶务司成，人多传其蒜汁、植荷逸事①。1915年参筹洪宪登基大典，任陶务署监，烧制御瓷，为雍乾间年希尧、唐英之后，景德镇御窑厂最后一任督官。洪宪殁，引退，名其居曰"爱吾庐"。自此潜研瓷乘，不问世事。

葆昌历商流宦海，累金巨富。其旧京安定门内秦老胡同十一号大宅，庭竹榭花，假山泉园，并专辟院落做觯斋书社。所印书，式清宫殿本，大模大样，豪华不吝工本。《校注项氏历代名瓷图谱》，乃其一。

墨林山人项子京（1525–1590），晚明大藏家也。集所蓄所见瓷珍，丹青描绘，汇成《历代名瓷图谱》。顺治二年乙酉（1645），多铎大兵下江南，项家世藏，尽为千夫长汪某索掠，《历代名瓷图谱》②亦随之北去。后，归怡王府，扃秘百余年后于清末散出。英人卜士礼博士购得，携往伦敦，竟毁于大火。所幸怡府本未归卜氏之前，画师李澄渊、石泉甫尝于光绪十二年手摹数本，赖此一线牵系，得以不绝人寰。葆昌藏有李、石临本，为弘彰古典，遂核校正误，邀美国福开森氏③对照英译，成此《校注项氏历代名瓷图谱》。民国二十年开版，限印仅六百部。

开本巍峨，线装，宫装如意云纹函套。余向所过目者，凡三本。两本为蓝布函套，骨签，瓷青绢封面，此本则黄绫函套，内衬豆瓣绿纸，意在仿照乾隆官窑粉彩器里与底足之釉色，象牙签，黄绫封面，井然见平装、精装之别（图223）。函套之外，再裁印褐厚皮纸为书衣。

谱纸乃特制。仿南唐澄心堂纸，以幼青竹为原料，漉筐结膜，白羞初雪，薄比蝉翼，韧密若蚕茧。上楣水印月白婴戏祥云纹样，环绕"觯斋

图223　《名瓷图谱》仿宫装如意函套　高39.6厘米

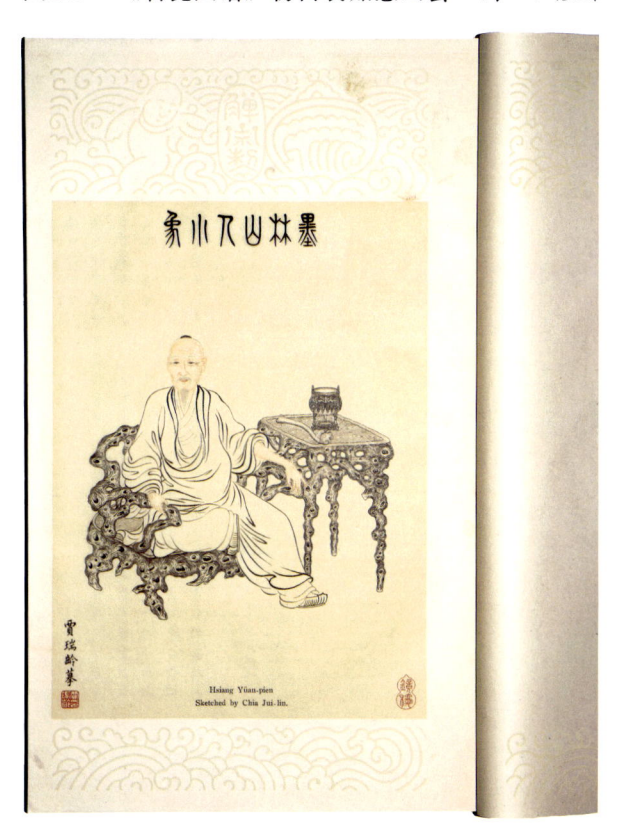

图224　《名瓷图谱》墨林山人小像

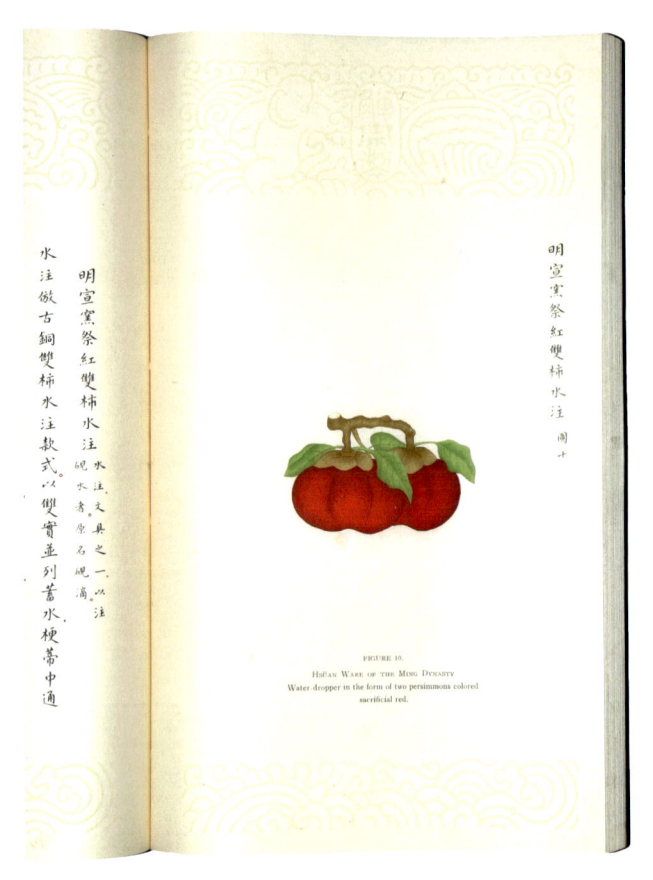

图225　《名瓷图谱》内页

图226　《名瓷图谱》内页

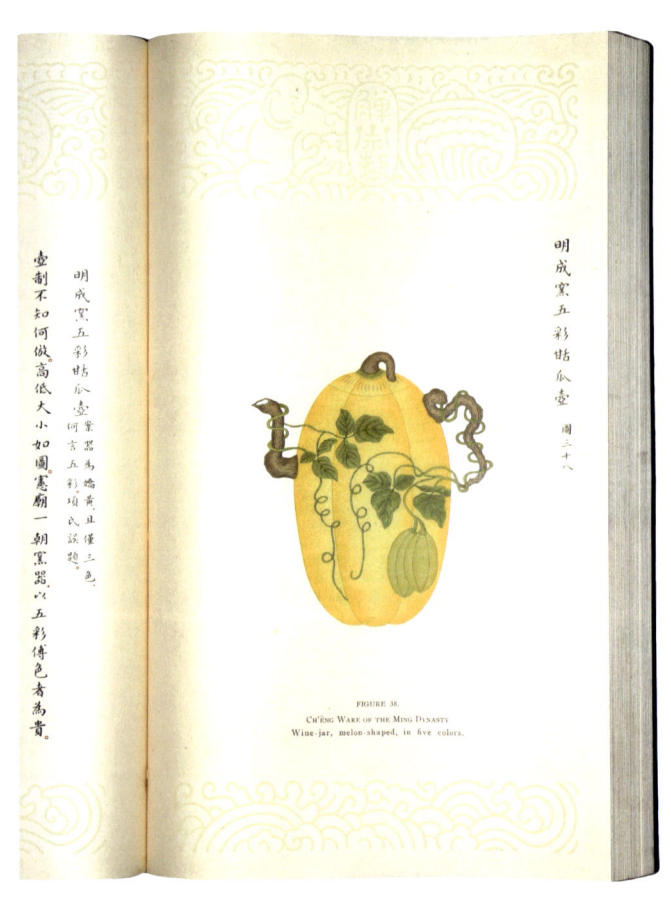

图227　《名瓷图谱》内页

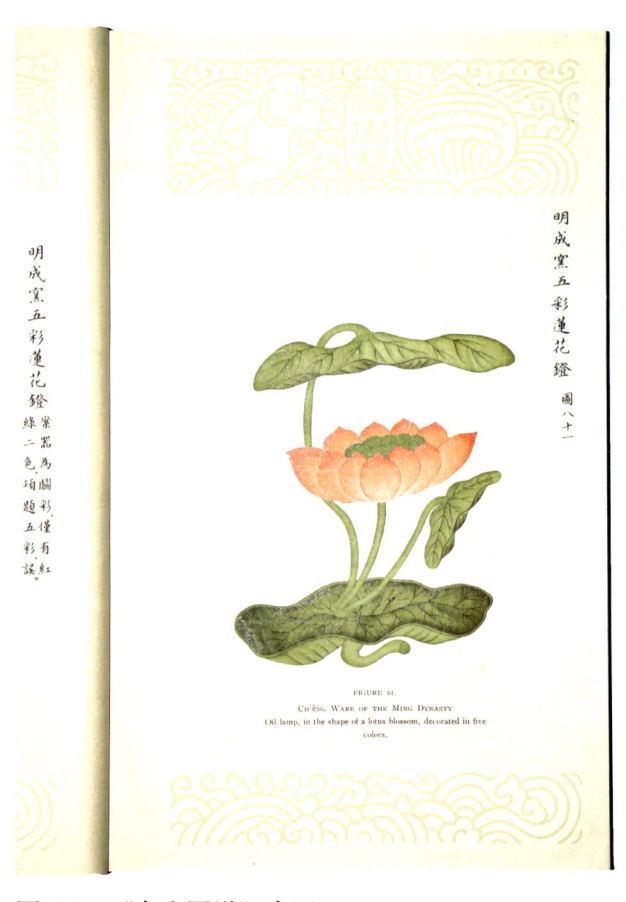

图228　《名瓷图谱》内页

制"牌记，下槛海水江牙纹。今日即得此一纸，亦是文物矣。谱序之后，有"墨林山人像传"（图224）与"墨林山人著书砚"真影，以志景仰。谱内名章、藏印、斋号多方，均蘸朱手钤。正文分十集，凡八十三器。宋定窑之乳脂温润，龙泉窑之梅子湛青，明宣窑红釉之猩血凝丹，成化斗彩之鲜艳溢目，弘治黄釉之嫩露欲滴，跃然敷现纸上（图225）（图226）（图227）（图228）。

到手时，谱内夹一残纸，似是从前主人所遗，为某英文善本书目著录此谱之片断，末评："EXTREMELY RARE"（极其珍稀）。另不知谁人手批一语："PARAGON！"（完美典范！）近百年前，葆昌凭一己之力，摘民国公私印书精美之冠，获誉西人，许为极善之本，虽柳阴无心，今日思之，毕竟不易也。

与前述"明紫檀嵌银丝镶玉鉈尾墨床"同场亮相。委身参考书列，位卑次末。时近场终，人皆散去，竟无与相争者，仅付微值。墨床之昂，稍得补偿矣。

约十年前，嘉德用填单投标法拍卖群众出版社普通藏书。内有此谱蓝布本一部，无底价，以出价过低，归之他人。后再见拍，价涨十倍，于是遗憾当初。而今之得价，竟反低于当初。俗有天算人算之说。天算在上，人实低微可怜，又不得不算。损益周循，拌搅对冲，所以侥幸之侥背之。宁足征信乎？请观墨床与是谱之捃。

通高39.6厘米　宽27.4厘米

注释

①世凯嗜食蒜，然以蒜瓣布上餐台为不雅。葆昌榨蒜汁，银盏以奉，大称旨。又世凯尝叹园池无荷。葆昌从旁闻之，即潜发大车自定兴运荷百盆，连夜植入池中。次日晨光，一池摇迎，世凯大悦。

②怡府本第十一图注，误书大痴黄公望子久为王子久，李、石临本因之。渊博如墨林者，绝不至混错如此。第二十二图注，言"见于吴门申文定公家"。申时行（1535-1614），长洲人，东阁大学士，万历十二年为内阁首辅，卒赠太师，谥文定。墨林之殁早于申氏之殁二十五年，岂能预书申氏谥号。据此两端，葆昌定怡府本非祖本，乃项氏子孙副录之帙。

③福开森（John C.Ferguson 1865-1945）美传教士，光绪十三年（1887）来华，筹建惠文书院（南京大学前身），应盛宣怀聘，出掌南洋公学（交通大学前身），历任大清邮传部襄赞及北洋政府外交顾问；中国文物通，精鉴富藏，不让高手，以"福大人"闻名古玩厂肆。

清乾隆《御选唐宋文醇》

古版套色印本之精之美，至康雍乾三朝武英殿本，可谓登峰造极矣。拔领高标，则康熙《古文渊鉴》、雍正《劝善金科》、乾隆双醇——《唐宋文醇》《唐宋诗醇》是也。

《御选唐宋文醇》五十八卷，乾隆三年御定（图229）。书盛两函，每函巨如城砖，织锦函套，内衬明黄绫折护，染牙红签，磁青包角，六针眼装，俱是原配。书式天地宽阔，字大，炯然醒目。乾隆御笔作序，钤"惟精惟一""乾隆宸翰"两宝（图230）。内收唐宋八家、益以韩愈门生李翱及晚唐孙樵两家，凡十家文。纪文达赞之曰："凡恭录圣祖仁皇帝御评，以黄色识之；皇上御评，以丹色识之；博采诸家品题、辩定，则以紫色（按：紫恐为靛之误）、绿色识之。去取谨严，考证典核。户诵家弦，为业古文者之津筏。"所采五色，黄如金汁，丹如朱砂，靛如翠羽，绿如松筠，黑如纯漆。开卷而霞蔚纷呈，是读书，亦赏艺（图231）（图232）（图233）（图234）。

书估理查德，不记其姓氏，专营东方书籍，美旧书业又一大怪物也。几番电话预约，几番临期变卦。议付款方式，百般刁难，欲详其店址，亦闪烁游词。晤面日，乘夜幕前往。循所授路线图，车至城郊荒处，竟是一肯德基快餐店。少俟，渠启边门幽悄而入，黑衫绣赤金飞龙，帽檐低压，面呈土菜色，声尖弱似蚊鸣。观书之前，特出白手套一副、洁涤剂一瓶，示余净手。渠爱书，性则乖张，谈吐溅碎秽杂，愤愤有反人类倾向。日光灯明，炸鸡飘香，与之隔桌对坐，览皇清《唐宋文醇》与明版《韩湘子全传》，好不抑痒畸燥。为访书，消得忍咽。

经检审无舛，收书入袋中，付索金。众客睽睽之下，渠竟遍摊绿钞满桌，张张向光验视。待渠点讫，裂齿绽笑，余急掉头不顾而去。

高28.5厘米　宽16厘米

图229　《御选唐宋文醇》封面　高28.5厘米

图230　《御选唐宋文醇》序记　　　　　　图231　《御选唐宋文醇》内页

图232　《御选唐宋文醇》内页　　　　　　图233　《御选唐宋文醇》内页

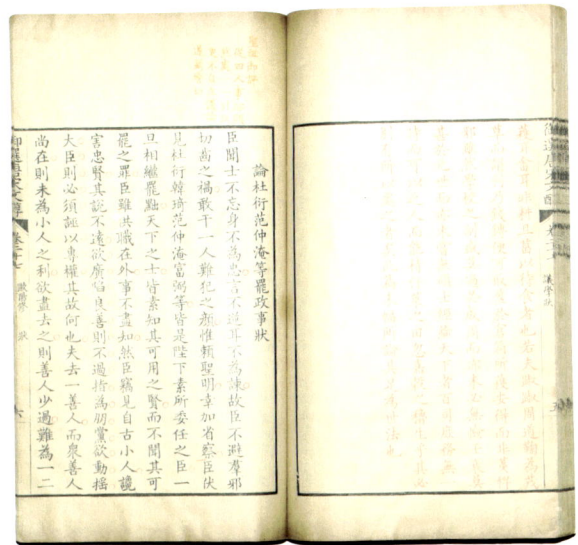

图234　《御选唐宋文醇》内页

明天启《新镌绣像韩湘子全传》

《新镌绣像韩湘子全传》三十回,钱塘雉衡山人编次,武林泰和仙客评阅,金陵九如堂藏版,明天启癸亥年刊(图235)。金镶玉装,以晚清宣纸书页为衬,缮修年代当不晚于民国。

雉衡山人,明末出版家杨圣鲁尔曾别号。所述湘子度化韩愈故事,旨在劝人弃名利、出尘网,修炼道行,养元全真以为升仙云径。虽涉虚诞不经,然芥粒渺小之人类,若于天地鬼神怀敬惧之心,强似无神无畏、妄衅天地之为大害。

全书从唐段成式《西阳杂俎》、宋刘斧《青琐高议》及元杂剧如纪君祥《韩湘子三度韩退之》、赵明道《韩退之雪拥蓝关记》套化而来,故尔曾谦逊编次。烟霞外史序赞其"有三国志之森严,水浒传之奇变",不免失于浮夸。

同代印书人如汲古阁毛子晋,曲高阳春。尔曾则好印大众通俗书籍,且印必镌配版画,以炫诱世人之眼。此书珍贵处亦在书前插图,一回一帧,凡三十帧。其中"洞房中湘子合卺",屡经海内外明代家具专著参引。刻手功夫,较之尔曾万历间所刊《海内奇观》十卷,虽不逮其胜,亦差继其武(图236)(图237)(图238)(图239)(图240)。

通高26厘米 宽17厘米

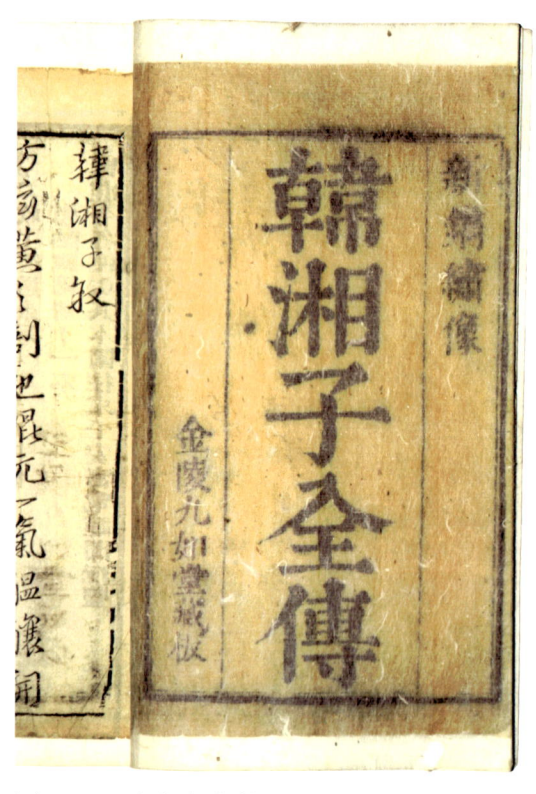

图235 《新镌绣像韩湘子全传》牌记 高26厘米

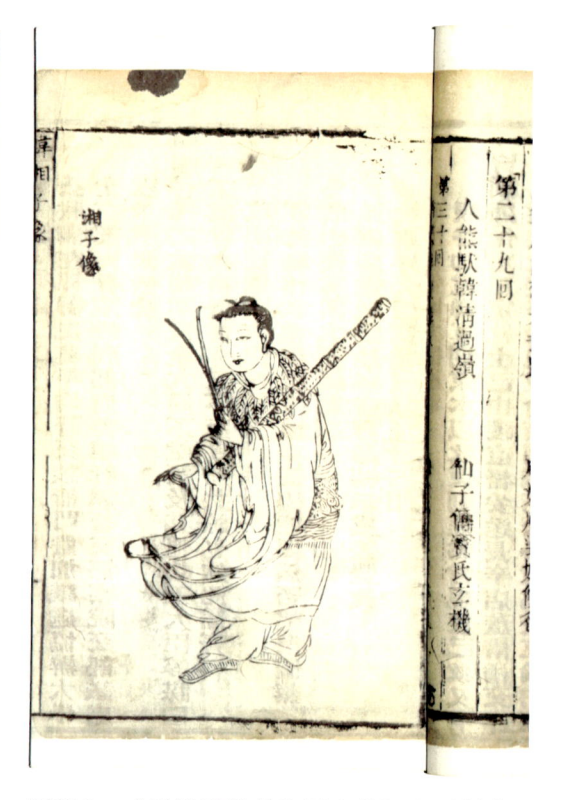

图236 《新镌绣像韩湘子全传》湘子绣像

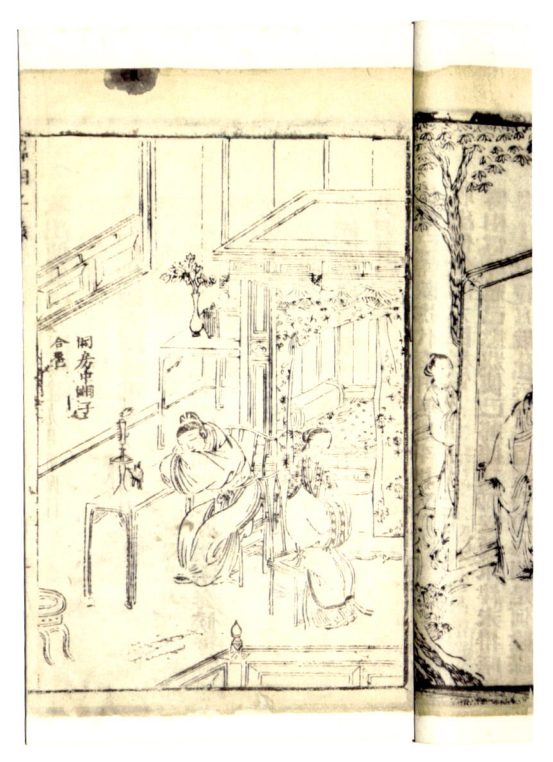

图237 《新镌绣像韩湘子全传》内页

图238 《新镌绣像韩湘子全传》内页

图239 《新镌绣像韩湘子全传》内页

图240 《新镌绣像韩湘子全传》内页

清康熙《芥子园画传》

《芥子园画传》初集，一函五册，凡五卷，康熙十八年刊（图241）（图242）。白口单鱼尾，上印传名，中印卷数，下印页码，字迹清爽，为原刻本。

枣版画图，墨色凝云飘雾，气象万千。卷五施彩套印，朱蓝黄绿，一一相宜（图243）（图244）（图245）（图246）。金镶玉装，然康熙年间之开化纸，冰雪玉白，岁月不侵，胡不称玉镶玉装邪！

卷前页间，朱红累累。曾为康熙时名书家查升①旧藏，卷前钤"声山翰墨"白文印一方，可为证。"鸣凤楼藏书"、"荣承瑛印"及闲章"茑边按谱花前觅句"②、"琴书知己"、"仁者福寿"等等，乃后来藏家印记。

看当日印书路数，与今日趣多似处。"创意、策划"沈因伯③；"编著、绘图"王安节④；"广告、出版"陈扶摇⑤；笠翁缠绵病榻，领"编委会顾问"衔，名人推荐、题序点评。

古代书画谱录，自南齐谢赫《古画品录》迄，至清康熙《御定佩文斋书画谱》止，或书道画论、品评丹青、著录巨迹，次第大家，而点画剖析、分步示范，辅之以图之程式教科，自元李衎《竹谱》以来，渰博宏富之作，首推《芥子园画传》。

佳乎哉是传！自康熙十八年初集刊行于世，继而二集、三集季殿辉煌，嘉惠艺林，裨益画苑，历代翻印，至今不衰。至三百数十载后之新千禧年，地无论南北，国不分东西，凡染指水墨丹青、熏习中国艺史之士，不闻《芥子园画传》者，寥若稀星。其流布人间，化身何止千万，而本真法身则万难一见矣，焉能不珍之若拱璧隋珠！

以日本宝永、天明两朝间版画散页两百七十张，从奥克兰日裔古玩商鉴求堂藤文清彦处换得。

版芯高22.5厘米　宽13.76厘米

注释

①查升（1650-1707）字仲韦，号声山。工书、小楷极精，得董其昌之神。康熙二十七年进士及第，官少詹事，后入值南书房，屡得圣祖称赏。著《淡远堂集》。

②覔，音密。说文：不见也。同"觅"。

③沈心友，字因伯，号克庵，李渔婿。

④王概（1645-1710）初名匄、亦名丐，字安节，秀水人，久居金陵，笃行嗜古，专心艺事，不入仕途。山水学龚贤，苍劲深厚。尤善大幅山水松石，雄快千钧，人物、花卉、翎毛则下笔有味外之味。

⑤陈淏子（1612-？）字扶摇，号西湖花隐翁，武林人，书坊名文治堂。

图241　《芥子园画传》书牌　高22.5厘米

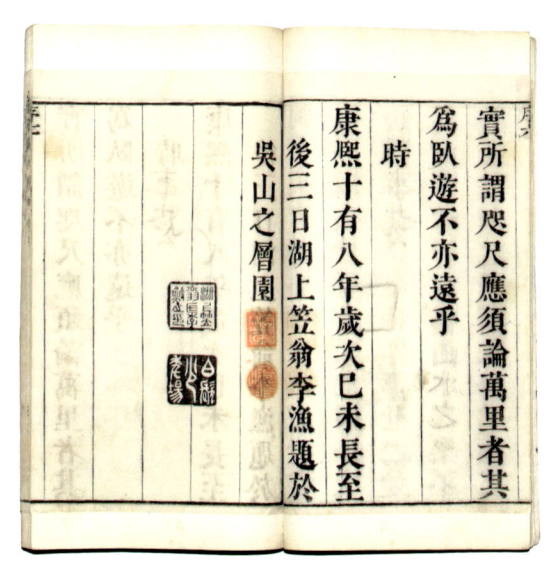

图242　《芥子园画传》序记

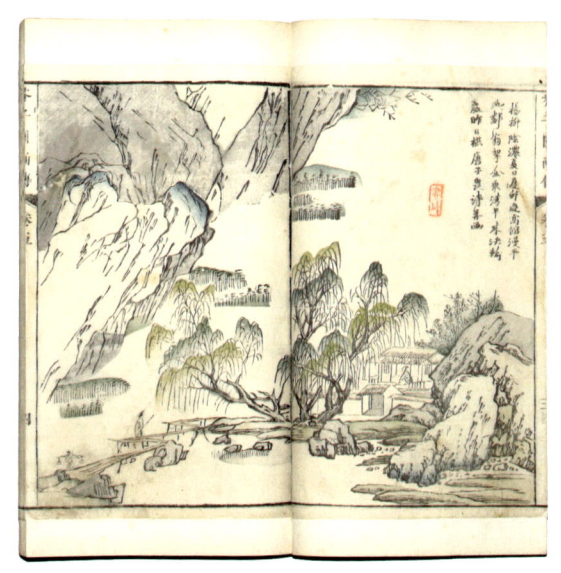

图243　《芥子园画传》内页

图244　《芥子园画传》内页

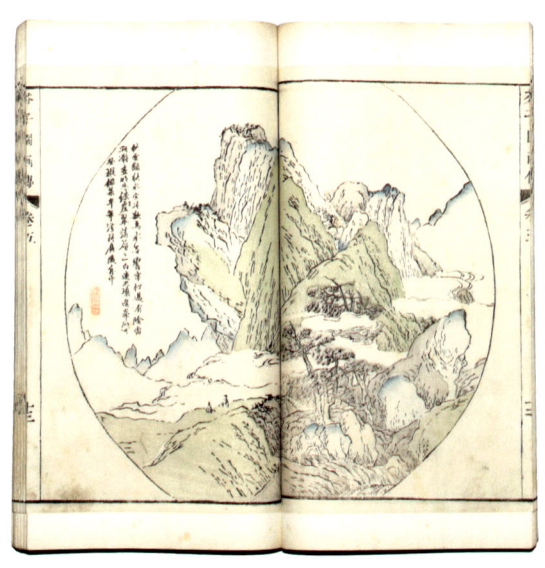

图245　《芥子园画传》内页

图246　《芥子园画传》内页

辨识篇

辨伪识真，乃文物界中头等大事。真与伪，于知者似黑白分明，于迷者却常在牡牝疑似之间。且知者亦难免失手，所谓"老虎也有打盹儿时"也。故冤真为伪，或视伪当真，一念之差，蒙羞受辱之外，剥损皆动辄千万金。爰拣亲观身历之个案数例，略剖析之，不唯儆人，亦自儆也。

抑欲更进一言：今日制伪之极凶厉者，曰高仿精仿，与昔日粗制滥造者不可同日而语，巧机陷阱，剜心割喉，狠于蛇蝎也。检视近年游历海外所过目之赝鼎，辄叹以其技之佳，实大有可为，何不正大光明，自树旗纛，百年后另是大小一名家亦未可知。总置逐利之心于不正，阴私营窃，或得小康，却难逃一生欺世下流之讥。然人生事，各择近情就性者行之，不能勉强。可恃而告慰者，仿古非真古，今心不古心，心地两般，手眼自异，兼之料殊，任彼煞苦修炼、百般习钻，以其心之俗之诈，终输一地步，而欲夺古人神采，安可得乎，安可得乎！

仿中仿

某日，于友人古玩店中闲坐，遇一美国青年送货上门，称欲售家中旧物以资学费。纸箱打开，俱是晚清民国瓷器。有大盘一只，口沿稍外撇，腹下收，圈足，底属"大清雍正年制"六字青花楷书款，盘芯绘五彩水浒刀马人物，描画精细，鲜艳夺目。友人略过目即买下此盘，唇边微笑，意味深长，似成竹在胸。

余大不解。待卖者离去，急请教缘由。盘上图绘人物，明眸红唇，美须髯，其笑靥身姿手势，纯是民国后期风貌。友人笑曰：然。此盘非雍正官窑，却是雍正官窑素白大盘施彩烧制，名曰后挂彩。民国时，宫中官款之素白库出桶瓷流入民间，仿者常行此法以欺世。时至今日，亦是买王得羊，弥足珍贵矣。

争论不已，余请借观数日。友人笑允之，声明：无钱付尔鉴定费。

此盘之器型，似宣德撇口盘，满釉底，釉汁肥莹，胎体厚重，与雍正瓷之白腻温柔、轻盈婷秀大不相类。反复比对其官款书风，端正有余而劲挺不足，笔力绵软，结体稍嫌臃松。据而断其非雍正官窑白盘，可毋庸置疑。

乃退而求其次。近年间颇兴收藏民国瓷器。果能以平价购得民国佳品，可差强人意。此盘手感堕重，釉色泛青似鸭蛋壳，画风种种，均与民国仿雍正五彩器相颉颃。正欲定案，又觉其器型之规整及釉质之莹润，制瓷之技实高出民国瓷器之上。且绘画深细处亦有不妥。民国后期距今，虽不过五六十年，当时瓷绘画工，仍是民间匠手习气，下笔无拘束、甩得开，视古虽多有不及，视今则胜出多许。此器之画工，细则细矣，比例构图均正确无误，然终欠一畅快。描画间难掩其无棱无角、中规中矩之俗，画手似有中等美术专科之毕业文凭。最露马脚处，所画人物依水浒页子旧例，腰佩条牌，内以蝇头小楷书姓名。卢俊义之卢字，竟书简体字。察简体字推行于20世纪50年代初，旧日匠人必不能即刻弃古繁、就新简。随即展开手工业之社会主义改造运动，身处猎猎党旗之下，谁人胆敢再书前朝"大清雍正年制"款？

如此直至"文革"收场。80年代至今,仿古之风复炽。小窑精烧,胎、釉、画、款,专人分掌,一窑成器不过二三件,乱真酷肖是图。定此盘为此期间物,当不冤枉它。

告之友人,沉思良久,亦以为然。叹曰:"烧得真不错。"

噫,仿民国仿雍正五彩刀马人物大盘!于此可见制伪者之阴谋深远:仿中仿,连环套,躲过明枪又施冷箭,不怕尔不中招。此盘漂洋过海转战至此,一路上擒获者又何止一人。鉴古者焉能不畏哉,焉能不慎哉。

碧玉鹌鹑盒

伦敦某秋拍曾展出碧玉鹌鹑盒一对,标明18世纪物。玉雕鹌鹑盒,寓平安和合之意。习见之明清玉鹌鹑,刀疏简而意韵足。此器采线刻琢法,与之大不相同,然渊源甚古。卧身蹲踞,遍体披翎毛,片片鳞叠,每片浮雕成形,琢双线为翎管,两侧密排直线为羽丝,极繁缛纤巧之能事。抛磨上光亦晶亮悦目。

迨复观之,觉其琢技颇藏蹊跷。乍似毫厘不爽,实则有形无神。板谨切划,似几何直线,无点滴灵性。抛光亮中乱丝衮结、贼光闪射。置诸放大镜下,见砣轮起刀、踌躇手战、错步再三,方寻入径路。中途常戗划出槽,弯转处不能圆滑,竟呈细密锯齿状。凡此种种,必是今人操电动高速琢具所为。兹此,始察其不轨。

作此器者之狡狯,一在工细,二在托古。精益求精,本古时匠工艺德。此器耗工费时,不惮琐屑,大悖时下高效图利之心,是工愈细,人则愈信之为古匠手出。蓄意欺世之徒,常是巧诡好学之人,肚内都有几本图书。商周青铜酒器曰凫樽,羽毛翎管即以线琢构成,后又见用于宋元玉鸟乃至明清瓷禽,是此器袭抄之祖本。凡造伪,妄念臆撰,易被识破;藉古唬人,则予人世系悠远、其来有自之感。

海外拾珍记

开经偈白玉墨床

近年间美国各地拍卖会屡现赝品。见白玉墨床一件，玉质优良，称代乾隆，以不菲价格拍出。

其器形平沌庸软。床面刻隶书开经偈四句：无上甚深微妙法，百千万劫难遭遇。我今见闻得受持，愿解如来真实义。落款刻椭圆形章一枚，内书一"佛"字（图247）。

图247　开经偈白玉墨床

通观其刀法笔意，茫散失神，刀口内粗茬砺砾，与乾隆玉工有天渊之别。又，此开经偈传为唐则天武后所制，历来冠用于金刚经大圣五公救劫诸经颂讲之前。忽镌此偈于墨床之上，不解何意。偈后落款犹不伦。偈非佛说，若是，焉可自言受持，焉能愿解自义？更不闻佛有款识印记，奈何落一"佛"字椭圆章？岂不活似大书"文革"式开场白"主席著作放光芒，照得心里亮堂堂"之后，下属"毛泽东"之款！

此器之伪，不须多辩。

名家竹刻

明清竹刻，本传世不多。朱、沈、吴、封、周诸大家所制，更早已是名器有主。德国某次大拍，骤然有竹刻近四十件涌出，称来自德国重要藏家（图248）。笔筒臂搁之属，小松、鲁珍之款，白石、悲鸿之稿，影梅、侯园之制，林林总总，瘴气乌烟，仅一二件可存疑似真者。雕工拙恶，潦草疏涩，山堆水滞，松胖柳肿，云比腹腔盘肠，雁类过天团肉。再经染红烫蜡做成旧色，之丑怪蹩脚，大类王媒婆胭脂抹面，便于伪器中亦当列下下之品。漫步展厅，触目惊心，先欲痛哭，继又想笑，量此场拍卖必以"砸锅"收场。

寻后传来消息，拍出者竟达十之八九，且颇不乏攀天价者。

骇人听闻，仰天呜呼！

图248　仿旧竹笔筒

竹雕香筒

古玩商俊德出示竹雕香筒一件。红紫光泽，风格似明末清初物。周身浮雕，偶见透雕，刀工细致入微，令人兴叹。俊德沾沾自喜，云高价购自北京，乃难得一见之精品。

待次递观览，乃露狐尾马脚。工虽细，故事却搅拌烩杂。湖石竹树、板桥流水，一路蜿蜒上山，有高士弈棋于泉亭，仕女慢行于阴下。再上则见三两山僧自佛堂探头外窥。不明何故，山脚下又有车马将士执盾牌兵刃，轰轰烈烈旗导而过。可谓僧儒男女，文武大乱。亭柱上刻楹联一对，各为四字，史无前例。左联"白云山月"之云字，乃简体字。香筒之皮壳光泽，薄亮明净，不熟不润，是蜡亮而非历数百年汗渍垢浸而成之包浆亮。底与盖，一望而知为新红木所制。

俊德劝余购藏，亟摇手敬谢不敏。

靠背椅

王世襄先生论明式家具之美，效唐司空图《二十四诗品》体，共得十有六品。第十三品曰空灵，实例引自德人艾克《中国花梨家具图考》所著录之明黄花梨靠背椅。椅之样式，兼灯挂与统碑而有之。奇处在其靠背板之装饰，上部开满圆开光，中部嵌长方形瘿板，下开长圆开光似海棠式，及椅盘下与四腿间不用券口牙条或罗锅掌矮老，而代之以细棍三弯状角牙，空透灵逸，有翩然欲飞之致。椅虽秀美，迭经著录，名闻遐迩。敢斗胆仿造，无异自揭其伪，且艺韵简约，不合当前靡侈风尚。多亏于此，从来未见仿品。

洛杉矶某秋拍，赫然见靠背椅成对，与之如出一手（图249）。靠背板沿边起线，顺势延

图249 仿旧靠背椅

入直搭脑少许,似音乐之渐弱至寂,照顾周到,较艾克之例犹胜。传世古物罕有绝似者。然历来论古,言有易,说无难。或竟是遗世另出?

预展日,得亲验其身。新红木制,色浊类猪肝。曾施紫褐漆,再打磨殆尽,做斑驳残旧状。瘿板污以油腻,借掩其新涩。四腿足端糟朽,似经长年地潮侵蚀,然水渍污痕与上段好木界线清楚,抠足端木渣以指捻之,渣硬不成酥粉,是刀斧轻砍缺豁,浸泡于罐装污水中而成者。盖常人印象,古物老,老必旧,旧则必裂必脏。无怪乎造假之徒顺水推舟,污垢腻缝、脏水浸泡、风扇扬尘、置之阴湿处令生蛛网蛾膜,无所不为,冀依此思路欺人渔利也。余大失所望,乘兴而往,败兴而归。

艾椅之靠背板开光与嵌瘿装饰,向觉其既古典,且前卫,寓诡异幽玄于简明之中。鄙意此图乃取道家天、地、人三才之象。《周易·说卦》:"是以立天之道,曰阴与阳;立地之道,曰柔与刚;立人之道,曰仁与义。兼三才而两之,故易六画始成卦。"天含阴阳,圆而虚;地秉柔刚,方而实;人怀仁义,兼具天地方圆虚实之性。因未曾经人论到,行文至此,故信笔及之。

崇祯青花葫芦瓶

尝于伦敦某春拍预展上见青花葫芦瓶一只,瓶颈饰郁金香纹,瓶身上部绘两高士倚松对坐,为林下论道图。下腹画绿林豪杰一队,挽袖提刀,扛矛推车,相顾行过柳阴下,纛旗漫卷风中。签示年代:19世纪(图250)。

郁金香纹,乃明末崇祯时荷兰瓷商所出纹样,常做外销瓷之颈腹边饰。此瓶画意纹饰及皴染勾点之法,器形及底足刮削,无一不肖崇祯青花瓷风貌。惜胎体疏松,拎之便觉手头飘忽。釉衣稀薄晦暗,泽现新光。近四百年物,竟毫无人迹用痕。胎疏釉薄,入匣钵置窑火中,水分自胎蒸出,遂遍体汽孔似毛鬃褪净之猪皮矣。较明末青花瓷之明朗坚润,差之多矣。伯翰之断代,亦藏隐衷:不好归之明末,亦不能立斥新伪。进退维谷,只从中段寻得出路,称19世纪。

拍卖之日,台湾人汉克勇猛亮牌,想必料定是一"大漏儿"。价过万镑始竞得。讨教所以,彼挟烟吐雾,谈讲神飞,尤在大胜亢奋中,道有客商指明此瓶,愿出两万镑定购。

此客商宁非送拍人欤?

图250 仿崇祯青花葫芦瓶

御题诗青墨玉菊花山子

曾几何时，文物古玩凡属皇家、宫制、御题、上用者，身价之昂贵，令人咋舌。子曰：富与贵，是人之所欲也，不以其道得之，不处也。惜世人每忘后句之肃正规导，但取前句之容恕体谅。以天子九重禁苑之神秘，锦衣玉食之奢华，是天下一人，富贵已极。夫得一御物在手，如附骥尾，遐想驰骋，幽思流荡，亦足畅神代身受之游。又皇家制器，料则广采海宇珍奇，匠则罗致天下名工，不惜工本，唯求冠绝。孰不心向往之？

图251　民国仿御题诗青墨玉菊花山子

有所好，必有投其所好。真品居奇，正助赝品浮滥。此风实非自今日始，清室逊而民国兴，端倪已见。

旧金山某次秋拍，头等重器为清乾隆御题诗青墨玉菊花山子（图251）。玉材硕大，凸圆如丘，青墨两色掩映隐现。俏墨色雕做崖石倒垂，数枝青色菊花绽发其间。上端刻填金御题秋花奇石诗一首：一卷焦墨石，数朵傲霜花。恰似青莲李，短章亦大家。旁镌填朱"醇邸珍藏"印一方。

终乾隆帝一生，诗歌题咏不下五万首，是首或存御制诗集中，待考。然读此诗毕，不敢遽信即为此玉山而题。

依御题诗铭常例，篇后落御款年号干支并钤御印或闲章，如清宫旧藏御题青玉大盘即属"乾隆丁丑孟冬之望御题"，钤印"乾""隆"。玉山之题，开篇即书"御题秋花奇石"，篇后无款无章，是一变成他人口吻矣。

前两句言："一卷焦墨石，数朵傲霜花。"玉山，沉实积重之物，称"一卷"，不当。称玉为石为奇石，又不当。此玉之墨色，韵活灵动，喻之焦墨，不谐。诗之末："恰似青莲李，短章亦大家。"乾隆帝赋诗文赞赏玉工，尝许"天工"，曾推"义重"。然此两句，置自古士庶等级于不顾，直是将玉工比之于李太白，不妥。诗仅四句，存一再不当、一不谐、一不妥四病。此诗若真，颇疑乃为一《菊石图》手卷而题，画幅短小，手笔则称大家。造假者缘玉寻诗，循诗构意，成此移花接木之畸果，或得此旧雕玉山，妄刻御诗及醇印于其上。

"醇邸珍藏"印，当是醇亲王载涛收藏印。醇邸乃他人所用之简称，岂可自称。钤处不在背面角落，上堂跋室，直踏本府，公然与百余年前皇祖御诗并列，有大不敬之嫌。篆法凌乱，填朱以印泥抹入，端是假印一方，虚张声势。

玉山雕琢及花石布局，尚属爽净规矩，然比不得乾隆玉工之高超不凡。当为后作，年代

海外拾珍记

或在民国，或不能晚于民国。御诗及醇印则必出民国人手，一据其隶篆拘泥功力不到，二据其暗授人以柄之心态。民国人作伪，尚怀恻隐不忍之心，往往留下暗门活口。如此玉雕山子，不过刻御诗一首，醇印一方，文不对题，行款全不依皇家章法，且并未明言乾隆御制。若君自行对号入座，乃君之责，非吾之罪。较今日造伪者行不择手段，志则在必斩，到底存知耻不知耻之别。

经一番争抢，秋花奇石玉山以近七万美金之价拍出。随即倍翻其价，现身中国拍卖市场。流标，后不知去向。

康熙御制款珐琅彩九秋碗

清康熙三十五年，举世闻名之珐琅彩瓷，于宫内创烧成功。如慧炽掠空，骤亮而疾逝。雍乾尚能克绍前朝而力翻新格，此后诸朝，则无复盛观矣。其至尊名贵，直雄视百代，令后世仰止不能企及。

乙酉年旧金山某秋拍，推出康熙款珐琅彩九秋碗一只，一时物议瞩目。

去预展，见一特制玻璃专柜，四面透明可视，此碗端坐正中，专人掌钥启柜，气氛庄重。一眼扫去，着实烧得不错。碗之外壁，施抹红釉，绘秋卉秋叶，碗心绘红枣、花生、栗子、瓜子、葡萄、桃子各一枚，底属胭脂料"康熙御制"双框印章款（图252）。请出，小心托捏入手。反复掂量之下，体轻之外，更觉异样。譬犹都中富家子弟，衣履不可谓不鲜明，气派不可谓不轩昂，然与天潢贵胄联袂同行，自当羞惭卑绌。

图252 民国仿康熙御制款抹红釉地珐琅彩九秋碗底足

碗之胎体，有欠坚缜；碗内白釉，白生生如新涂粉壁；彩料亦稀沙。器型有民间散漫习气；胭脂料款之字体，软锋勾描，不似康熙珐琅彩器之款识，笔道宽刷，点折楷劲；画工疏减笔致，象图具备，到底呆板平白，如浅碟盛淡水，可一目而了然，乏咂咂之后味。哲语云：神祇存乎细节中。艺匠手眼之高低，不在大形，汝能画眉眼口鼻，吾亦能画口鼻眉眼，所差尽在纤些精微处，差之寸，则失以丈计。由是疑其赝。

图253 民国仿康熙款抹红釉地珐琅彩九秋碗底足

民国三十年前后，瓷业仿古之风，狂涛汹涌。逼真精仿以牟暴利，康雍乾三朝珐琅彩首当其冲。当时入彀者，多是欧美藏家。此九秋碗之身世来历，大抵兹始斯时。

此碗最终拍出，低于估价。虽低，仍是一笔巨款。因无涉己事，遂不复关心。

后某日，闲阅耿葆昌先生《明清瓷器鉴定》。书中"图380"，即"民国仿康熙款抹红釉地珐琅彩九秋碗"之底部图像（图253）。乃取架上拍卖图录比对。图上两器之写款、画迹，乃至款旁釉泡与圈足溢痕，竟一模一样、毫厘不爽。人之亲手签名，尚不能两次全同，遑论浴火而出之瓷器，焉能如此巧合！洵是一器矣。

康熙官窑青花大盘

初春某日，接一美国老妇人电话，称名吉娜，居湾区奥克兰市，年逾八旬，目昏手战，驾照业经交管部门取消，家有中国瓷器欲售，问可否登门检视所藏。余诺然，傍晚驱车至其公寓。

吉娜白肤蓝眼，举止文雅，衰美依稀。客厅摆设晚清红木家具及瓷石织绣小件。其父雅好东方艺术，藏品购于20世纪初，40年代逝世后遗赠女儿。去年曾特聘某博物馆亚洲艺术部女博士——鉴定，拍照片并附以说明之后装订成册。

遍阅是册，多为清代出口瓷器，杯盘壶盆之属。唯青花大盘一只，直径近四十厘米，绘东坡赏古图，翠蓝浓畅，写画极精，底属"大清康熙年制"款，笔力沉凝，结体劲瘦，撇捺重戳，踢挑出尖，一望而知是康熙官窑精品。女博士说明：虽属康熙官款，却是后来仿造。估值一千二百美元。询问此盘现在何处。答曰：素不甚喜此盘。盘不佳，容浅不宜盛汤，尺寸过大而略板翘，置诸案上有欠平稳。问能否取出一观，答曰："卖了。"问何日卖出，答曰：四天前，与老友往旧金山一年一度之太平洋亚洲艺术博览会，遇一美籍华人展售商，其妻英国人，经营鼻烟壶，温文明慧。彼此相谈甚欢洽，力邀该夫妇晚间至寓所，尽示所藏，二人选购此盘而去。余懊丧默坐。少倾，问所付何值。答曰：恰是所标千二百数。人贵知足。心满意足矣，不能再生怨语。

吁，苟缘悭如此，夫复何言，夫复何言。

西方博物馆之中国文物专家，大有满腹经纶者在。历代文物术语名头，张口即来，熟谂之极。惜吾国文化终非彼母脉血源，充其量是后母继子而已。谈史论世已难免外国人言中国事之憾，何况意妙涵邃之古物鉴定，更觉鸦言雀语之隔。窃谓真懂耶假懂耶，不看学历，无关著述，唯在敢掏钱自买否。若供职博物馆，逢鉴别入购事，款则公家款，藏则公家藏，"舍不得孩子套不着狼"，然孩儿却是别人家的。买对，固然得意。买错，到底亏在公家，不误照领月薪。已身无涉忧患，遂乏锐意精进之心。责之以不思克厥，似失公允，唯其眼力造诣，比之捧私囊血汗，买前如履冰临渊，一旦打眼，和血吞泪、刻骨铭心、习学长进于"血的教训"者，不逮远逊。吉娜所聘之博物馆女博士，想来乃此等"银样镴枪头"一柄，十数万美金之物，贬至千二百元。真真惑人以"似懂"，误人以"非懂"也。

归后经旬，每思之，辄郁郁不舒。

后于洛杉矶面晤一对古董商，夫讲沪腔国语，妇操英音。读其名片，竟是购吉娜大盘者。余婉称友人言，贵店曾购得康熙青花大盘一件，官窑，极精绝，不知有心出让否？夫答曰：确有此事。盘仍在店中。某日不慎失手，落地碎成数块。经粘合，摆在柜头聊做参考资料矣。少倾又道："你没看见断碴口，胎骨白，比汉白玉还白。"言罢，愀然不乐，残痛犹在眉端。余亦诧愕不能语。

从此世间又殒一美。悲夫悲哉！缄然默然，权胜浩叹。

考据篇

公道杯辩

  伯克莱小慧轩张卫、雷彼得夫妇，专藏中国古代益智器玩。与余居相邻、志同道，每有收获，辄相邀坐对赏析。所藏白玉公道杯一具，最得吾心，许为同俦之冠。以其年代、用途尚待廓清，请试为之辩，添一户之辞。

  杯和田白玉制，纯洁无瑕疵。捧寿桃、挂龙杖，杖系葫芦，立杯中央者，南极老人也。袍裾下摆藏一暗道，接腹腔中空处，再由杯底插玉管一根入内，外封以钱眼漏孔。盛酒以南极老人唇髭为限，稍逾，即依吸虹原理，由腹腔入玉管，自杯底漏孔一泻如注（图254）。

  存世公道杯最古者，有宋代龙泉、影青、定白、钧变诸品，至迟宋已造用，可以推知。明代浮梁御窑厂为贡奉明太祖而道创之说，不过子虚乌传耳。

  此器琢磨之工，无以复加。底镌"中和堂制"款。中和堂位于圆明三园之绮春园岛上，曾是康熙帝起居处。康熙初年一如顺治，不尚帝王年号。早期御制瓷器，常属干支纪年或名堂轩斋款，"中和堂制"款乃其一。款字馆阁小楷，平敛简静、和隽匀婷，同于当时词赋名篇笔筒之书法。审工检款，是康熙御物（图255）。

  杯名公道，用途何在？

  今之论者，多谓寓诫于物，教人以"谦受益，满招损""知足者酒存，贪心者酒尽"之道，故又称戒盈杯云云，并假明皇玉环、洪武中山以张目其说。释意固语重心长，然穿凿附会，难充定谳。夫贤者诲人，语言足矣。何必费工耗银，制此奇巧！传诸今日之公道古杯，由宋至清，玉、瓷、银、铜、紫砂，具数颇可观，想古时必是大量烧造。设非日常酒具，试问当年，岂家家需此德育教具邪！一哂。

  又道惩罚贪杯者。若酒限一杯，自懊悔不及，否则头杯过满而洒地，二杯尽可酌量少斟，多饮几杯，仍是一样快活。不过糟践头杯、学些乖觉小心罢了，胡惩罚之有！二哂。

  再云以公道杯量酒，旨在防人多喝多占。此说与吾国国民心理不合。考中华酒风民俗，素以巨觥大白、豪海轰饮为夸耀。雄者称仙称龙，示弱者招讥。或庶民斗酒之令，投壶掷骰、拇战划拳，或文会宴集觞政，分曹射覆，对句联诗，输者罚以饮，赢者娱作乐，宗旨恰在要人多喝。君不见今之餐饮高聚、酣红耳热之际，仍是掌扣己杯呼已满、指责对家耍狡猾也。纵百般劝进尚难得逞，焉须防哉！三哂。

  古时席面仪式，酒壶之外，设门杯与公杯。门杯各自用，敬酒罚酒则操公杯。余以为，公道杯乃公杯之一种，为公杯之极致。或敬或罚时，门杯置于下，执公道杯临其上，斟酒入内，量满，即下注入门杯。敬勿多，罚勿少，在座一律，公平公道。

  古匠巧思，每出乎意料之外，却合乎情理之中。皆因古人单纯，行动不离人本情常，哪来现代人那许多花花肠子，而其高明胜筹，也端源于此。解古剖谜诀窍，无它，顺循常识常理而已。

图254 康熙"中和堂制"款白玉公道杯

图255 "中和堂制"款

鹿中

波士顿古董商魏斯布大宅客厅中,陈设青铜鹿一头:长约三十厘米,卧姿,跽蹄,竖耳,昂角,勃勃英警;彩漆髹绘梅鹿斑点,已苍驳残损;体腹中空,背臀处开方形口纳(图256)。

此青铜鹿断不能晚于战国也。其用途,魏氏云,"极有可能"为鼓架底座。理之所据,因中国湖北博物馆藏有战国曾侯乙墓出土之木胎漆鹿,纹画绝似,亦开方形口纳,该馆图录说明即称"可能用来插挂物品,例如鼓类"。

余不以之为然。此物之名,当曰鹿中("中"读"入"声),乃古射礼器用也。

射,古六艺之一。《礼记·射义篇》:"古天子以射选诸侯、卿、大夫、士。射者,男子之事也,因而饰之以礼乐。又射之为言绎也,各绎己之志也,故射者心平体正,持弓矢审固,然后中。"

既以射选,则必竞胜负。胜负以获筹多寡为记。筹筭,算筹也,古语中与"算"互为通假。《礼记·投壶》曰:"算,长尺二寸。" 字从竹,当多竹制。《仪礼·乡射礼》载射礼鹿中之用甚明:"释获者执鹿中一人,执筭以从之。鹿中髹,前足跪,凿背,容八筭。"与魏氏所藏实物丝扣吻合。

魏氏虽于物用不明底里,价钱则毫不含糊。索要之数,足够中国和谐社会一小康家庭几辈人之花销。望鹿兴叹,无力购回矣。

图256 战国青铜彩髹鹿中

和合神

前述造访吉娜寓所之夕，告辞将出，彼忽挽留少坐，并取出一珠宝匣示余。镯戒珠链间，有玉坠一件，碾琢生动，为元至明初时物：偏髻童子笑口大开，拥鼓踞坐，一手执鼓棒，另手执一丫形物，两杈间有一螺旋滚轮，鼓边有云螭攀绕（图257）。试问价，答曰：旁物可售，此物乃幼时父母所赠生日礼物，睹物思亲，不在欲售之列。适与康熙大盘错失交臂，正烦沮不快间，亦无心多问。

转年，其子罗伯特忽自俄勒冈州阿什兰市来电：吉娜月前因脑溢血过世，丧事已毕，有若干家具遗物待售。余即点购该玉坠，且任其出价。彼称仲夏间将来旧金山湾区，届时顺便带来。

图257　明白玉万回玉坠

玉大小如核桃，古时随身携挂，即今日亦非稀贵物也。余属意之，非图牟利，乃另有缘由。

相同题材之小玉件，时见于国内外拍卖场上。玉坠居多，摆件少，概以击鼓童子称之。是称固不错，惜失之泛泛。此童子虽小，来历颇大，实吾国现知最早之和合神也。其俗姓张，名万回，唐陕西阌县人，出家为僧。传玄奘往西天取经，于佛殿上见题语"菩萨万回谪阌地教化"，归唐后曾往寻谒见。回多异迹，武后时诏入大内，语事多验。据《太平广记》卷九十二异僧传："回生而愚，八九岁乃能语，父母当豚犬畜之。回兄戍役于安西，音讯隔绝，父母谓其死矣，日夕涕泣而忧思焉。回顾父母感念之甚，忽跪而言曰：涕泣岂非忧兄耶？父母疑而信，曰然。回曰：详思我兄所要者，衣裘糗粮中履之属，请悉备焉，某将往之。忽一日，朝赍所备而往，夕返其家，告父母曰：兄平善矣。视之，乃兄迹也。一家异之。弘农抵安西，盖万里余，以其万里回，故号曰万回也。"又据明田汝成《西湖游览志余》载："宋时杭州以腊月祀万回哥哥，其像蓬头笑面，身着绿衣，左手擎鼓，右手执棒，云是和合之神，祀之可使人万里之外亦能回家，故曰万回。明时其祀已绝。"知万回至少宋时已被奉为和合之神。考祀绝之时，汝成乃正德嘉靖间人，当不晚于其时。

鄙意谓民间化其身为击鼓童子，盖取击鼓欢庆寓团聚之喜，以鼓槌多次上下往返暗寓其名万回。云螭状其穿云腾空，螺旋滚轮乃其踏飞万里之轮。纽约克里斯蒂秋拍图录释螭为猫，以飞轮为按摩滚轮，殊荒唐。我国古代民间风俗，若不详加记录，世过境迁，常有令后世百思不得其解者，此即一例。

此后之和合神，新枝乱发。万回哥哥配释门寒山者有之，释门寒山配道家刘海者有之，释门寒山配释门拾得者亦有之。万寒配，万回挎鼓扬棒，寒扛荷花；寒刘配，寒持莲荷，刘仍钱珠戏蟾；明末清初时，亦常见莲荷一瓣作舟，寒刘乘其上，一挥蕉扇，一划苔帚，和（荷）衷共济，苦海同航。寒拾配，则总以荷盒为执仗法器（元明绘画或明瓷图案之寒拾图，寒不执荷，拾不捧盒，故只可视为二僧造像也）。统称和合二仙，佑家人和睦合聚。至清雍正十一年，敕封唐天台僧人寒山、拾得为"和圣"与"合圣"，始定于一尊。

然民间未必聆旨即改弦更张，盖新风旧俗之更迭，向循缓徐逐渐之过程。如万回哥哥，明时绝祀，民间至清初仍雕像做佩带吉物。仅就余曾经眼之真品者言，和合万回，最早者元代，至晚者清乾隆；和合二仙，寒刘者，或明末至清康雍间竹雕，或康熙寿山石雕；寒拾者，俱是乾嘉以后物。倘寡闻陋见差堪征采，大抵万回哥哥为宋元所奉；寒刘与寒拾在明中清初与万回并行过渡；乾嘉后则寒拾独领风骚。晚清民国之婚庆喜幛，有绣寒拾其上者，是以两男子兼司夫妇琴瑟祝谐之职，腔愈荒而板愈走，已尽失本意矣。

至于商购吉娜之玉坠，欲为民间和合神祇嬗变之迹存一实例耳。

后罗伯特果如期而至。及晤面，袖出霉画两轴、料珠数串及伤透余心之女博士鉴定册。询及玉坠，彼连连致歉。谓行前集家人团坐，启吉娜祖母珠宝匣，宣布每人可择心爱者留念。若二人同欲一物，则抛币决定，剩者将尽售之。玉坠居然为幼女薇薇安选中，只得尊重其意。待伊长大成人，或转念欲售或可劝其出售。若售，"保证卖给你"。

问年龄，方六岁，遂不作是想。

后 记

毋讳言，余好古。夫既生而为人，经事历世，善恶祸福、富贵贫贱、欲情悲欢，或驱之避之，无论今古，孰能大异，孰能豁免，自无由言好。而余肉躯今世，心向古往，竟言之好，或以为问。

扪索究竟，所好者，必在古有道而今不再之处。简赅以言，曰自然。人耶自然，境耶自然，情耶自然，理耶自然，吃穿用度自然，生老病死自然⋯⋯ 古匠师制艺，雅亦雅得自然，俗亦俗得自然，俚亦俚得自然，直得任自然趣。大可爱，因是好之。于清昼良宵，憩坐斋中，晤对古物，如傍古人倾谈，娓娓移时，心心相印，如秋潭之映月。古心入流我心，其美也皎皎，其诚也穆穆，其和也蔼蔼，其静也汩汩。欣欣然心汲滋养，得返本归真、复性为自然之人。若相违数日，苟萌"时月不见黄叔度，则鄙吝之心复生"之叹。

复忆及儿时，课上念保护公社辣椒之小英雄刘文学，课下则阅古装小人书，与同伴扮三国、说岳人物，持刀枪奔逐厮杀为庭戏，乐此不疲。年愈长，愈佞古入膏肓，竟至流窜欧美，跨国觅古。前后关联，悟复失笑。人之好古趋今——人生它事亦然——乃先天秉性，后天不过稍与力焉。譬如树植，可疏密其枝叶，曲直其干躯，然或松或柳或槐或杨，种性前定，绝不可易。唯后天施力，目可见，手可触，身可行，人遂尽归先天之功于后天栽培之力耳。戏偈释之曰：天命初行，芽兆未萌，花荣果生，渐省榛荆。

视余作《海外拾珍记》，不过钝根瘠梢之弱花枚果也。

世间幸多惜花护果人。小书浅陋，而宠赉纷沓，受之歉怍。畅安王世襄先生亲赐书名并耑题书签，提掖晚进、勉勖后学之意，恒念念感奋。抒情诗人王性初、硅谷精英聂小春、小慧轩张卫女史，三位摄影方家也，闻所请，欣然愿从召唤，耗精费时，辛苦备尝，时跪地聚焦，时登高俯拍，为余之藏品传神写照。静宇女校书，兰言力荐，而文案责编，宣力实多。家姊常涛，同好木辰，传介联络，屡献嘉议。承蒙苏富比、克利斯蒂、伯翰·伯德富、纳高、查特画廊等拍家与豪思恩、小慧轩主等藏家惠允采图。俐敏、晓玮、苏炜、陈茶、文取、宝林诸文友，善余之志而乐见书成，或施之以援手，或励之以口笔，乃至慷慨解囊襄助。

芳名上列，荷怀铭心。

常罡又识

图书在版编目（CIP）数据

海外拾珍记/常罡著.—北京：人民美术出版社，2007.12
ISBN 978-7-102-04101-8
I.海… II.常… III.文物－考古－中国－文集 IV.K87-53
中国版本图书馆CIP数据核字（2007）第159912号

海外拾珍记

著　　者　常罡
编辑出版　人民美术出版社
　　　　　（北京北总布胡同32号）
　　　　　电话：65122584　邮编：100735
　　　　　http://www.renmei.com.cn
责任编辑　霍静宇
装帧设计　霍静宇
制版印刷　浙江影天印业有限公司
经　　销　新华书店总店北京发行所

版次　2008年6月第1版第1次印刷
开本　889毫米×1194毫米　1/16　印张9.5
印数　1—3000
ISBN　978-7-102-04101-8
定价　76.00元